Carlos G. Vallés S.J.

Meine Freunde, die Sinne
Das spirituelle Leben als Integration von Geist und Körper

Der Autor:

Carlos Gonzalez Vallés wurde 1925 in Spanien geboren. Als fünfzehnjähriger trat er dem Orden der Jesuiten bei und ging im Alter von 24 Jahren nach Indien. Dort führte er in den sechziger Jahren auf Hochschulniveau die „neue Mathematik" ein und wurde Mitbegründer der ersten mathematischen Fachzeitschrift in einer indischen Sprache (Gujarati). Auch vertrat er Indien auf mathematischen Kongressen, so in Moskau, Nizza und in Exeter.
Auf Gujarati veröffentlichte er mehr als siebzig Bücher über moraltheologische, soziale und psychologische Themen. Für sein Werk wurde er, neben einigen anderen, mit der Ramjitram Gold Medaille geehrt, der höchsten literarischen Auszeichnung des Landes. Auch schrieb er dreißig Jahre lang regelmäßig Beiträge für die größte Tageszeitung auf Gujarati, der GUJARATI SAMACHAR. Der Gujarati Lions Club nannte ihn den populärsten Gujarati Autor seiner Generation.

Zehn Jahre lang lebte er als wandernder Gast, indem er, wie die buddhistischen und hinduistische Mönche, in vielen Häusern der Armenviertel von Ahmedabad um Gastfreundschaft in Form von Obdach und Nahrung bat, jeden Tag an einem anderen Ort. So wurde er bekannt als eine lebendige Verbindung zwischen Ost und West, zwischen Christentum und Hinduismus.

1997 wurde er für seine Arbeit zur Förderung des gegenseitigen Verstehens und der Anerkennung und Einheit zwischen den Völkern verschiedener Rassen, Kulturen und Sprachen in Neu Delhi mit dem Ramakrishna Jaydalal Harmony Award ausgezeichnet.

Heute lebt Carlos G. Vallés in Madrid, Spanien, wo er seine Arbeit als Autor fortsetzt, sowie Vorträge und Seminare im In- und Ausland durchführt und im Internet seine Website unter http://personales.jet.es/cgv (in spanischer und englischer Sprache) pflegt.

Das Titelfoto: wurde von Judith Dörries, Berlin, auf einer Floristikausstellung gemacht. Es dient uns hier als ein Symbol dafür, dass unsere Sinne manchmal so, wie die Blumen auf diesem Foto, in unserem Körper wie in einen künstlichen Behälter gepfercht zu sein scheinen, dessen Fassade wir mit etwas Farbe dekoriert haben. Wir erwarten jedoch die völlige Befreiung unserer Sinne aus dem selbstgebauten Gefängnis, so dass sie aufblühen und mit all ihren wirklichen Farben unser Leben bereichern können.

Carlos G. Vallés S.J.

Meine Freunde, die Sinne
Das spirituelle Leben als Integration von Geist und Körper

SANTIAGO VERLAG

Titel der englischen Originalausgabe: My Friends the Senses
1998 Gujarat Sahitya Prakash, Anand, Indien
Vom Autor durchgesehene und autorisierte Fassung.
Übersetzung: Marga Klay, Düsseldorf
Titelfotografie: Judith Dörries, Berlin

Imprimi Potest: Jerry Sequeira S.J.   Provinzial von Gujarat
                                                         Ahmedabad, 06. Februar 1998

Imprimatur: + Stanislaus Fernandes, S.J. Bischof von Ahmedabad
                                            Ahmedabad, 16. Februar 1998

Die Deutsche Bibliothek – CIP Kurztitelaufnahme

Vallés, Carlos G.
Meine Freunde, die Sinne: Das spirituelle Leben als Integration von Geist und Körper / Carlos G. Vallés – 1. Aufl. –
Goch: Santiago-Verl.; [Norderstedt]: Libri Books on Demand, 2001
Einheitssacht.: My friends, the senses <dt.>
ISBN 3-9806468-5-8

Copyright
© 1998 Carlos G. Vallés S.J. Madrid

Copyright der deutschen Ausgabe
© 2001 Santiago Verlag Joachim Duderstadt e.K.
Asperheide 88   D 47574 Goch
Tel. 02827 5843
Fax: 02827 5842
Email: mail@santiagoverlag.de
www.santiagoverlag.de

Gesamtherstellung: Books on Demand GmbH
Printed in Germany EEC

2. Auflage 2001
Alle Rechte vorbehalten
ISBN 3-9806468-5-8

INHALT

1. REGEN AM STRAND	7
2. DIE KUNST, EINE ROSE WIRKLICH ZU RIECHEN	19
3. NEUE ANTWORTEN	29
4. NON COGITO, ERGO SUM (ICH DENKE NICHT, ALSO BIN ICH)	37
5. MUMBAY, BANGALORE, TOKIO, LONDON	45
6. EINE KATZE HAT VIER BEINE	53
7. DIE FÜNF SINNE	67
8. SEHEN IST BESSER ALS DENKEN	77
9. DES MENSCHEN BESTER FREUND	85
10. GOLFEN IM SESSEL	103
11. MAFALDAS YOGA-ÜBUNG	121
12. FEUERWERK	129
13. MIT ERHOBENEM HAUPTE	139
14. MEDITATION ÜBER MEINE HÄNDE	149
15. DAS DSCHUNGELKIND	161
16. STERBEN AUF JAPANISCHE ART	175
17. DIES IST MEIN LEIB	185
BIBLIOGRAFIE	201

*Für Liliana, meine Tai Chi Lehrerin,
für all ihre geschickte Professionalität,
ihre noble Art, das Leben zu leben
und die Freude ihrer Freundschaft.*
- Carlos

*Ich merkte,
dass ich zum zweiten Mal geboren wurde
als meine Seele und mein Körper
sich ineinander verliebten
und einander heirateten.*
- Khalil Gibran

1. REGEN AM STRAND

Indien hat mich gelehrt, meinen Körper zu respektieren, ihn anzunehmen, ihn zu schätzen, ihm zu vertrauen und ihn zu lieben. In einer noch feineren und tiefgehenderen Weise erkannte ich, dass mein Körper für mich kein Fremder ist, sondern ein integraler und willkommener Teil meiner Selbst, Teil meines Lebens und Atemzug meines Atems, untrennbar vereint mit allem, was ich bin, lebe, denke und tue. Westliche Philosophien haben eine Trennung und Aufteilung in Seele und Körper vorgenommen, in Fähigkeiten und Funktionen und Sinne und Gliedmaßen. Diese akademischen Einteilungen sind ganz geeignet, um Dinge zu definieren, zu klassifizieren und darüber zu sprechen. Aber dafür muss ein beträchtlicher Preis gezahlt werden, und dieser Preis ist die Fragmentierung unserer Erkenntnisfähigkeit bis hin zu dem Risiko innerer Widersprüche in unserem Handeln. Spaltungen solcher Art sind immer schädlich und tun weh. Was wir wiederherstellen müssen, ist die Einheit. Erst aus dem integralen Bewusstsein, das die Ganzheit ausmacht, entspringt die Intuition, die es mir vorstellbar macht, mein persönliches Ziel zu erreichen, das die innige Verschmelzung meines ganzen Seins mit meinem Selbst ist.
Mit Hilfe meiner Intuition vermag ich Schritt für Schritt dem näher zu kommen, was ich für die Einheit der Person, der Familie, der Gesellschaft und damit der ganzen Welt vorschlage, erhoffe und zu erreichen trachte. Es geht darum, willkürliche Trennungen und Spaltungen zu heilen und Leben zurückzuerobern. Denn je größer die Einheit, desto stärker die Vitalität. Das gilt sowohl für die Einzelperson als auch für eine Gruppe. Besser noch, es gilt für die Gruppe durch den Einzelnen. Wir möchten die Einheit des menschlichen Wesens wiederherstellen und damit die Einheit der Menschheit. Lasst uns daran arbeiten.

Die Gegenüberstellung von „Materie" und „Geist" ist ein jahrhundertealtes Erbe und diese Polarisierung hat untergründig, aber leider sehr effizient dazu geführt, dass der Geist als „gut" und die Materie als „schlecht" angesehen wird. Darin liegt das Hemmnis, das Hindernis, der Feind in Bezug auf die Weiterentwicklung des menschlichen Lebens zu seiner endgültigen Bestimmung. Denn die Materie-Geist-Polarität wurde auch übertragen auf das Verhältnis von Leib und Seele. So wurde unser unschuldiger und missverstandener Körper zum Schurken schlechthin gemacht, zum Urgrund allen Übels und Ursprung allen Lasters. Aus den Lehrbüchern der Philosophiegeschichte lernen wir, dass diese Einstellung mit begründeter Ablehnung dem Gnostizismus und dem Manichäismus zugerechnet wird. Und obwohl diese beiden Glaubensvorstellungen uns jetzt antiquiert und überholt vorkommen, sind sie doch auch heute noch anzutreffen, wenn wir der Materie misstrauen und den Leib durch eine moderne Version uralter Vorurteile herabwürdigen.

In der Kindheit gelernte Phrasen hinterlassen ein Leben lang ihre Spuren. Es hilft uns vielleicht, wenn wir sie nun - mit vollem Respekt vor der eigentlich wohlmeinenden Geisteshaltung, mit der sie uns beigebracht wurden - erneut betrachten und mit der Freiheit des Erwachsenen auf Irrwege aufmerksam werden, auf die sie uns unwissentlich gebracht haben und die wir nun korrigieren können. Ich erinnere mich noch gut an Fragen und Antworten aus dem Kinderkatechismus, aus dem ich in meiner Jugend in aller Unschuld gelernt habe und den ich jetzt mit wohlwollender Kritik korrigieren möchte:
Welches sind die Feinde der Seele?
Es gibt drei Feinde der Seele: die Welt, den Teufel und das Fleisch.
Klare Feinde in einem unbarmherzigen Krieg. Mit *Welt* waren ganz allgemein die Frauen und Männer um uns herum gemeint, die ein *weltliches* Leben führten, oberflächlich, eitel, blind für die ewigen Werte, und die als solche eine unmittelbare Bedrohung unserer makellosen Spiritualität darstellten. Der *Teufel* war der mit dem Schwanz und den Hufen, und das *Fleisch* ... war unser Körper. Dieser gesegnete Leib, den Gott mit liebevoller Kunstfertigkeit geschaffen und mir in vertrauensvoller Liebe gegeben und

anvertraut hat, dieser Bruder meiner Seele und Partner meiner Existenz, dieses Wunder an Sinnen und Funktionen und Bewegungen und Leben, war ... mein Feind! Was für ein trauriger Verrat. Eine Infiltration der „Fünften Kolonne!"

Beständiges Misstrauen gegenüber dieser unvermeidbaren und einschränkenden Präsenz des ausgewiesenen Feindes - was für eine schlechte Gesellschaft für den langen Treck einer lebenslangen Partnerschaft. In dem obigen Absatz taucht das Wort „Spiritualität" auf. Ich habe es mit einem Lächeln stehen lassen. Ich hoffe, es ist niemandem aufgefallen. Aber dort steht es als spontaner Beweis einer Einstellung, die ich jetzt eigentlich ablegen, transzendieren möchte und die doch noch meine Sprache beeinflusst und, wie ich befürchte, auch meine Gedanken. Wenn wir uns auf das Beste in uns beziehen, auf die würdigsten Werke und unser Bedürfnis nach Ewigkeit, dann reden wir in exklusiven Worten von „spirituellem Leben" oder von „Spiritualität" im Sinne von „Vergeistigung". Ein weiterer Hieb gegen den Körper. Wir behandeln ihn nicht besonders gut. Um eine „spirituelle" Person zu sein, trampeln wir auf unserem Körper herum - Bruderkrieg.

Das Wort „Mortificatio" – dt. „Abtötung", das vor nicht allzu langer Zeit sehr *en vogue* war, kommt ursprünglich von dem lateinischen „mortem facere". Es wurde insbesondere für das Abtöten körperlicher Triebe und Untugenden verwandt: Den sündhaften Leib abtöten. Das Leben der Heiligen vergangener Tage bietet zahlreiche Beispiele extremer Gewalt gegen sich selbst.
Der hl. Benedikt wälzte sich nackt auf Dornengestrüpp, der hl. Franziskus von Assisi im Schnee, der hl. Franz Xaver stieg in Paris bei Eiseskälte in die zugefrorene Seine. Im Altertum gingen die Mönche der Tebaida weinend zu ihren Mahlzeiten, darüber trauernd, dass sie ihrem Körper, wenn auch widerstrebend, leider Nahrung geben mussten. Sie mischten Asche unter ihr Essen, um dessen unvermeidlichen (Wohl-) Geschmack zu vernichten. (Jemand mit Sinn für Humor sagte, es sei kein Wunder, dass sie „ve-

raschtes" Essen zum Heulen fanden). Der hl. Simeon, „der Stylit", verbrachte sein Leben auf der Spitze einer Säule. Abgesehen von diesen Übertreibungen ist es aber eine Tatsache, dass schon immer eine Tendenz bestand, zum vermeintlichen Nutzen der Seele den Körper leiden zu lassen. Und haben wir nicht auch heute noch Gewissensbisse, wenn wir unseren Leib zu gut behandeln? Vermuten wir dabei nicht manchmal, dass wir irgendwie unseren Idealen nicht gerecht werden und aufhören, durch und durch „spirituelle" Menschen zu sein?

Es waren nicht nur asketische Motive, die zu der Geringschätzung des Körpers beigetragen haben. Aber diese - und der exzessive Intellektualismus und Rationalismus vergangener Zeiten - haben mitgeholfen, unserem Körper ein negatives Image zu verpassen. In den philosophischen und wissenschaftlichen Kreisen wurden Vernunft und Verstand über alles gestellt und die Materie und der Körper herabgesetzt und vergessen. John Dewey schrieb: „Der Mensch fürchtet sich, ohne sich dessen bewusst zu sein, die wunderbarste aller Strukturen des unendlichen Universums angemessen zu würdigen: Den menschlichen Körper. Er wurde dazu gebracht zu glauben, dass eine ernsthafte Beachtung und Beschäftigung mit diesem Körper ein Verrat an der Würde des Menschen sei!"

Ein Beispiel für diese Einstellung: Thomas Alva Edison, einer der genialsten Erfinder aller Zeiten. Zu den 1097 Patenten, die er besaß, kommen noch die vielen Erfindungen, die er nicht patentieren ließ. Seine starke Persönlichkeit ließ ihn folgendes sagen: „Mein Körper ist nur dazu da, mein Gehirn zu stützen."

Wir respektieren das Genie, bedauern aber diese abschätzige Bemerkung. Der Körper ist zu viel mehr gut als nur dazu, den Kopf an seinem Platz zu halten. Und die graue Masse unseres Gehirns, egal wie hervorragend sie ist, wäre nichts ohne die Muskeln, die Knochen, die Nerven, das Blut, das Gewebe und die Haut, die ihr in nichts nachstehen. Meine Arme und Beine, die

Brust und der Rücken und mein ganzer Körper sind genauso Teil von mir wie mein Gehirn, und ohne sie wäre ich nicht die Person, die ich bin, und wäre nicht so, wie ich bin. Es geht also nicht darum zu quantifizieren, welchen Beitrag jeder Teil zum Ganzen leistet, sondern es geht darum, in mir selbst die notwendige Einstellung zu Anerkennung, Akzeptanz und Liebe zu alledem, was ich bin, zu entdecken und zu pflegen. Denn nur wenn ich all das, was ich bin, in fröhlicher Dankbarkeit umarme, dann bin ich offen und bereit, meine fundamentale Einheit und meine organische Ganzheit zum Wohle meines eigenen Lebens und meiner Aufgabe in dieser Welt wiederzufinden.

Nun, da das Wort „Welt" aufgetaucht ist, sollten wir uns kurz mit diesem ersten „Feind" aussöhnen. Natürlich ist die Welt kein Feind, sondern ebenfalls das Werk eines liebenden Vaters, der für uns eine Familie von Brüdern und Schwestern geschaffen hat, mit all ihren Reibereien, Missverständnissen und Ärgernissen, aber auch mit der geschwisterlichen Gewissheit eines gemeinsamen Ursprungs und eines gemeinsamen Ziels, verbunden durch die Pläne der Vorsehung, das Band gegenseitiger Liebe und gemeinsamen Bemühens. Lasst uns die rechtmäßige Fülle unserer Person und unseres Umfeldes wiedererlangen, damit wir unserem Leben die Würde und Achtung geben, die ihm Gott in seiner Liebe und Macht zugedacht hat.

Zu Beginn habe ich gesagt, dass Indien mir den Sinn für meinen Körper zurückgegeben hat. Ganz allgemein leben östliche Kulturen weltbezogener als westliche und haben einen direkteren und einheitlicheren Sinn für die Ganzheit des Menschen. Sie erkennen, dass der Mensch wie ein zusammenhängender Organismus funktioniert, dessen Ungeteiltheit erforderlich ist, um seine verwirrende Komplexität zu verstehen und zu leben. Der Körper ist Teil des Lebens - und als solcher wird er gesehen und akzeptiert, jeden Tag, mit allem, was daran neu sein kann, und allem, was Routine ist. Es ist leicht, dazu schöne Sprüche zu finden, aber ich möchte zu diesem Thema doch lieber einige Erfahrungen anstelle von Texten und Zitaten wiedergeben. Das ist erstens unterhaltsamer und zweitens kann ich damit zeigen, dass auch ich durch Erfahrung meine Lektionen gelernt habe.

Ich verbrachte circa zehn Jahre in Ahmedabad, "meiner" Stadt in Indien. Ich lebte als Wandergast und zog von einem Haus zum anderen, klopfte an die Türen von einfachen Häusern und verbrachte jeweils einige Tage dort als ein weiteres Mitglied der Familie. Dabei genoss und nutzte ich die tiefverwurzelte und traditionell praktizierte Gastfreundlichkeit, die in Indien an der Tagesordnung - und ein wahrer Segen ist. Ich tat dies, um dem wirklichen Leben der Menschen, für die ich arbeitete und lebte, näher zu kommen. Ich habe dabei immer versucht, im Haus so wenig Umstände wie möglich zu machen und mich dem häuslichen Tagesrhythmus der Familie anzupassen. Für die einfachen Häuser in den alten Bezirken innerhalb der Stadtmauern gibt es pro Tag nur vier Stunden fließend Wasser, jeweils morgens und abends zwei Stunden. Und das nicht im Haus selbst, sondern an einer öffentlichen Pumpe auf der Straße, die zwei oder auch mehrere Familien versorgt. Hier stehen also morgens die Menschen an, um das erforderliche tägliche Bad zu nehmen, ein schnelles Abreiben in Hockstellung unter dem Wasserstrahl und ohne die Unterwäsche auszuziehen. Gewaschen wird sich, bevor die Hausfrauen kommen, um ihre Behälter und Eimer mit dem für den Tag benötigten Wasser für die Wäsche, das Putzen, das Trinken und Kochen zu füllen. Aus der Not geborene kommunale Übung körperlicher Bruderschaft zur Freude aller. Die Straßenversion von Dusche und *Jacuzzi* in einem, geteilte Demut in wohlverabreichter Knappheit. Nichts vereint die Nachbarn der Gegend mehr als diese Gewohnheit des morgendlichen Rituals, das tägliche Schwätzchen in der Schlange vor der Wasserstelle, begleitet von dem Planschen der Männer unter dem Wasserstrahl. Denn die Straßenschau gehört nur den Männern. Die Frauen füllen ihre Eimer und verschwinden unauffällig im Labyrinth des Hauses, um sich diskret in einem Winkel zu waschen. Sollte jemand ein Bad außerhalb der Zeiten des fließenden Wassers benötigen, steht halb der Zeiten des fließenden Wassers benötigen, steht ein Eimer Wasser für ihn bereit und er bedient sich, wann immer er will.

Diesen Service boten sie auch mir an, dem wunderlichen Ausländer mit seinem linkischen Verhalten, um mir die Teilnahme an dem täglichen Ritual, das mich in jenen Vierteln erwartete, zu ersparen. Doch meine Schüchternheit und mein Wunsch, so wenig Umstände zu machen wie möglich, ließen mich jegliche Sonderbehandlung ablehnen. Ich erklärte, ich würde wie jeder andere mit zur Wasserstelle kommen, mit Seife und Handtuch bewaffnet, und würde genauso wie jeder andere Teilnehmer des täglichen Vergnügens meinen Körper öffentlich nass machen, einseifen, abspülen und ihn lustvoll abtrocknen. Außerdem würde dies wunderbar in meine Morgenroutine passen.
„Wisst ihr, ich stehe morgens früh auf und bete eine volle Stunde! Das kann ich leise und hingebungsvoll in einer Ecke meines Zimmers (in der Lotus-Stellung) tun, bis das Wasser kommt, ohne jemanden zu stören. Wenn ich gebetet habe, ist auch das Wasser da und ich komme dorthin und dusche, sobald ich an der Reihe bin. Damit wären doch alle zufrieden, nicht wahr?"

Nein, nicht ganz. Mein Vorschlag hatte nicht den gewünschten Erfolg, ganz im Gegenteil. Meine Gastgeber waren überrascht, sie wirkten sogar beleidigt und ihre Bestürzung breitete sich in der gesamten Nachbarschaft aus. Was hatte ich bloß falsch gemacht? Wodurch hatte ich ihre Gefühle verletzt? Schließlich erfuhr ich es. Eine mutige Frau sprach mich darauf an: „Stimmt es, dass Sie gesagt haben, Sie würden beten, bevor Sie gebadet haben? Für uns ist das eine Beleidigung Gottes. Er sieht es gern, dass wir sauber sind, wenn wir uns Ihm nähern."

So war das also. Das hatte man mir deutlich vor Augen geführt. Natürlich müssen wir rein sein, wenn wir uns Ihm nähern wollen. Bisher hatte ich das allerdings nur auf die Sauberkeit meiner Seele bezogen: Frieden mit mir selbst halten, Nachsicht mit allen anderen, mich mit meinem Bruder aussöhnen, wenn er etwas gegen mich hat, bevor ich das Opfer auf dem Altar darbringe. Und weiterhin: Gelassenheit, Losgelöst-Sein, Demut, Aufrichtigkeit, ein reines Gewissen. An eine andere Form der Sauberkeit hatte ich nie gedacht, da ich meinen Körper einfach nicht mit einbezogen hatte. Schließlich war das Gebet doch eine Angelegenheit der Seele - und nicht des Körpers! Seelenfrieden genügte für mich zum Beten. Nicht aber nach Ansicht meiner Hindufreunde. Für sie zählt auch der Körper dazu. Ihre Erklärung ist sehr einfach: Wenn ich bete, bete ich als eine Person, mit allem was ich bin, ich bete nicht nur, wie es heißt, „mit all meiner Seele", sondern „mit Leib und Seele". Auch mein Körper geht zum Gebet und in die Gegenwart Gottes und erfährt dabei die unwillkürliche Nähe zu der Macht, die ihn geschaffen hat, dem Schöpfer, der ihn erhält und liebt und der mit jeder seiner Entwicklungen und seinem ganzen Sein vertraut ist. Wir können den Tempel Gottes nicht mit schmutzigen Füßen betreten. Noch weniger können wir das Morgengebet beginnen, die ruhige Betrachtung von Gottes Gegenwart in liebender und respektvoller Verehrung, wenn wir noch befleckt sind von der Perspiration der Nacht, eingehüllt in die unbehagliche morgendliche Trägheit, wartend auf das belebende Wasser der frösteln machenden Dusche, nach der sich unsere Haut sehnt, um die verlorene Unschuld ihrer transparenten Zartheit wiederzuerlangen. Das frische Gefühl, das morgens früh das Wasser auf der Haut bewirkt, ist wie ein Akt der Taufe in einem sich täglich wiederholenden Sakrament. Ein äußeres Zeichen und Merkmal jener umfassenden Reinigung, welche die ganze Erscheinung des Menschen mit einbezieht und vor dem göttlichen Betrachter heiligt.

Für den Hindu bedeutet Gebet ohne Säuberung ungefähr das gleiche, als wenn ein Christ das Abendmahl im Zustand der Todsünde empfangen würde. Meine hinduistischen Nachbarn, die emsig über mein Seelenheil wachten, hatten mich vor einem Sakrileg bewahrt und mich darüber hinaus gelehrt - beziehungsweise damit begonnen, mich zu lehren und mir die Augen dahingehend zu öffnen - welche wichtige Rolle der Leib beim Gebet einnimmt.

Haltung, Atmung, Körperbewusstsein, Frieden der Sinne, Verbundenheit mit der Umwelt, Einheit mit der gesamten Schöpfung. Eine mystische Disziplin, die ich im Westen nicht gelernt hatte. Das tägliche Bad war viel wichtiger, als ich jemals vermutet hätte.

Bevor ich mich zur Schulung meiner Seele auf den Pilgerweg von Haus zu Haus begab, hatte ich ein Jahr an der Vallabh Vidyanagar Universität in der Nähe unseres Missionszentrums in Anand verbracht, um die Gujarati Sprache zu erlernen. Zu Anfang war das nicht leicht. Gujarati war mir gänzlich fremd und ich war fest entschlossen, nicht ein Wort Englisch zu sprechen und mich also zu zwingen, voll in die neue Sprache einzutauchen. Ich, ein hochgewachsenes Bleichgesicht in aufsehenerregender, strahlendweißer Soutane, begab mich zum Studentenheim, begleitet von den neugierigen Blicken anderer Studenten, die ebenfalls dort wohnten. Das Heim hatte leider keinen Speisesaal. Als die Zeit des Abendessens nahte und ich hungrig war, wandte ich mich an eine Gruppe junger Männer und fragte mit Gesten und Gebärden, die auf der ganzen Welt verstanden werden, wo ich essen könne. Mit gleichermaßen universalen Gesten bedeuteten sie mir, ihnen zu folgen. Auf diese Weise kam ich ohne Zwischenfälle zu meiner ersten authentischen Hindu-Mahlzeit. Wir ließen unsere Schuhe draußen vor der Halle, wuschen uns die Hände und reihten uns entlang der Wand des Essraums auf. Diener stellten vor jedem eine große runde Metallschüssel hin, die alles enthielt, was zu einem Hindu-Essen gehört. Nun sollten wir uns mit gekreuzten Beinen auf den Boden setzen und ausschließlich mit der rechten Hand essen, was immer uns serviert wurde. Meine Beine sind lang und ein schneller, abschätzender Blick ließ mich erkennen, dass egal, wie geschickt ich mich anstellen würde, sie nicht zwischen Wand und Schüssel passten. Deshalb schob ich die Schüssel mit meinem Fuß sanft nach vorn, um Platz zu schaffen für meine Knie und um die Schüssel beim Hinsetzen nicht umzustoßen.

Ich tat dies mit äußerster Feinfühligkeit, aber das half mir nichts. Jede meiner Bewegungen wurde beobachtet und alle amüsierten sich über den unbeholfenen Fremden in ihrer Mitte, der die Eintönigkeit des Lebens unterbrach. Als ich die Schüssel mit dem Fuß vorwärts schob, hielten alle um mich herum vor Schrecken den Atem an. Was hatte ich getan? Ich sollte es bald wissen. Die Jungen sagten es mir ganz offen und unmissverständlich. Sie waren die absolute Mehrheit und schätzten ihre Traditionen, die ich unbeabsichtigt verletzt hatte.

Denn für sie ist Gott auch in der Nahrung, und die Schüssel ist der Altar. Wie konnte ich es wagen, ihn mit dem Fuß zu berühren und in einer so vollkommen ungehörigen Weise über den Boden zu schieben? Ein wahres Sakrileg. Nahrung ist heilig, da auch unser Körper heilig ist, und sie muss mit Dankbarkeit und Achtung geehrt werden. Essen ist Liturgie, wie das Baden. Nach und nach entdeckte ich voller Eifer und Wissbegier eine ganz neue Art, das Leben zu sehen, selbst unsere profansten Handlungen zu heiligen und alles, was wir im Laufe des langen Tages tun, in Gebet zu verwandeln. Unser Körper ist unser engster und ständiger Begleiter bei all unserem Tun, und indem wir in unseren besten Momenten sein Vertrauen gewinnen, verwandeln wir jeden Schritt in einen Psalm, jede Geste in eine Liturgie, jeden Atemzug in einen Akt der Liebe.

Es ist eine Freude zu sehen wie ein Yogi atmet. Einer war so freundlich, für mich sein Unterhemd hochzuziehen, damit ich mir seine Atmung genau ansehen konnte. Er war ein Mann von 90 Jahren und was er mir zeigte, war kein besonderes Kunststück esoterischen Trainings, sondern sein ganz normales tägliches Atmen. Er atmete mit solchem Frieden und in einem solchen Rhythmus, mit solcher Tiefe und Eleganz, dass sein ganzer Körper zu frohlocken und bei jedem Atemzug zu neuem Leben zu erwachen schien. So als ob der Sauerstoff, den er so kunstvoll inhalierte, jede Zelle seines Seins erreichen und der ganze Körper die Kraft und das Leben, das er mit sich brachte, erkennen würde.

Unsere Atmung begleitet uns den ganzen Tag. Wenn man sie sich zum Freund macht und in sein Leben mit Gott integriert, fällt es einem leicht, dem Ideal der christlichen Lehre des kontinuierlichen Gebets in Demut näher und näher zu kommen. Freundschaft mit unserem Körper kann unser Leben verändern.

Die folgende Szene spielt an einem beliebten Strand in Europa. Die Badegäste machen sich bereit, die Sonne, das Wasser und den Sand zu genießen. Sie sind bepackt mit Sonnencremes, mit Radios, um Musik zu hören, mit Zeitschriften, um zu lesen und mit allerlei Strandspielen, um die Zeit zu vertreiben. Aber es ziehen Wolken auf, die Sonne versteckt sich und es fängt gar an zu regnen. Die Badegäste sammeln eiligst ihre Habseligkeiten ein, bündeln ihre Kleidung und verschwinden fluchtartig. Der Strand ist in null Komma nichts leer gefegt. Jetzt drängt sich die Frage auf: Waren sie nicht gekommen, um zu baden, ins Wasser zu gehen, nass zu werden? Warum sollte also ein bisschen Regenwasser diejenigen stören, die doch ohnehin ins Wasser des Meeres gehen wollten? Darüber wurde nicht nachgedacht. Es ging überhaupt nicht darum, sich der Natur in welcher Form auch immer zu erfreuen, seien es nun die Wellen des Meeres oder der Regen aus den Wolken, sondern dem vorgefertigten Programm einer offiziellen Zeremonie zu folgen, in die der plötzliche Regenguss und das unerwartete Nasswerden nicht passen. Die auf der Suche nach Wasser gekommen waren, lehnten jetzt das Wasser ab. Es hatte ihnen den Tag verdorben.

Die nächste Szene spielt auf einer beliebigen Straße in einer beliebigen Stadt in Indien während des Monsuns, wenn der Himmel seine Schleusen öffnet und Wasserfälle innerhalb von Minuten die Straßen der schutzlosen Stadt überfluten. Spielende Kinder tanzen auf der fließenden Bühne vor dem Vorhang aus Wasser, bis auf die Haut durchnässt, paddeln mit Vergnügen in den Pfützen, mit dionysischem Lachen in dieser jährlichen Liturgie. Es macht ihnen nichts aus, nass zu werden. Niemandem macht es etwas aus, nur denen in Anzug und Krawatte, einer

Kleidung, die aus anderen Klimazonen importiert wurde. Der Körper ist eng mit der Natur verbunden, streng genealogisch, und erfreut sich an ihr zu jeder Zeit und in jeder Form. Heißen wir die Regengüsse willkommen - sie erheitern den Tag!

2. DIE KUNST, EINE ROSE WIRKLICH ZU RIECHEN

Was wir uns alle doch eigentlich und wirklich wünschen, ist Seelenfrieden. Mit der Zeit bin ich zu der Erkenntnis gelangt, dass der Königsweg zum Frieden der Seele über den Frieden des Körpers führt. Ein friedvoller Körper, entspannte Muskeln, die Nerven in Ferienstimmung, leicht geöffnete Hände, ein lächelndes Gesicht, eine ausgewogene Haltung, eine klare Haut bringen diese Tranquilität, diese friedvolle Ruhe unseres Körpers hervor und übertragen sie auf unseren Geist. Wir merken doch sofort, wie unser Körper sich anspannt, sobald uns etwas beunruhigt. Ein Schrecken, eine plötzliche Furcht, ein Alarm, ein Rückschlag, eine Bedrohung, ein Risiko ... und schon schnellt unser Adrenalin in die Höhe, unser Atem wird flach und kurz, unsere Muskeln spannen sich an, unsere Augen verengen sich und unsere Zähne werden zusammengepresst. Der Körper nimmt sofort die Spannungen von Geist und Seele auf, verstärkt sie, vergrößert sie, intensiviert sie, gibt ihnen „Gestalt" und Dringlichkeit in ihrem physischen und ganzheitlichen Erscheinungsbild. Der Körper kooperiert eng mit der Psyche, und die Erregung der Psyche geht einher mit der körperlichen Anspannung als Reaktion auf einen Spannungszustand unseres Gemüts in Folge dessen, was sich in unseren Gedanken abspielt. Ein angespannter Körper reflektiert und komplettiert die Spannung und den Stress, der sich in unserem Kopf abspielt. Das kennen wir alle.

Genau diese Diagnose öffnet uns aber auch die wichtige Tür, hinter der wir die praktischen Heilmittel für unseren Zustand finden. Ein angespannter Geist kann nicht ohne einen angespannten Körper sein. Wenn wir also den Körper lockern und entspannen, dann wird die geistige Anspannung von uns weichen. Das klingt zu einfach, um wahr zu sein, und doch ist es ein feststehendes Prinzip mit weitreichenden Konsequenzen. Die Anspannung wirkt sich auf den ganzen Menschen aus. Um sich zu behaupten und zu wachsen, muss sie die Person vollständig durchdringen, buchstäblich Körper und Geist erobern. Wenn sich der Körper aber der Anspannung entzieht, dann kann sie nicht mehr wachsen, sondern im Gegenteil, sie wird Stück für Stück nachlassen und schließlich ganz verschwinden. In einem entspannten Körper kann sich ein unruhiger und gestresster Geist nicht häuslich einrichten.

Wenn wir von ernsthafter Sorge oder tiefer Trauer ergriffen sind, verlieren wir unseren Appetit. Unsere seelische Verfassung hat ihre Ausdrucksform und gar Unterstützung gefunden und zeigt sich in unserem physiologischen Zustand. Unsere Freunde versuchen dann liebevoll, uns zum Essen zu bewegen. Sie tun dies nicht nur, damit wir unsere Kräfte wieder erlangen, sondern auch weil sie wissen - aus einer angeborenen Weisheit heraus, der sie sich vielleicht gar nicht bewusst sind - dass durch Nahrungsaufnahme unsere Sorgen kleiner werden und häufig auch unsere schlechte Stimmung nachlässt. Warum? Aus demselben Prinzip heraus, das wir eben schon angesprochen haben: Weil Körper und Seele untrennbar zusammengehören, kann nicht ein Teil weiter leiden, wenn sich der andere entspannt. Essen ist für den Körper angenehm, und wenn er sich durch die erforderliche Nahrungsaufnahme besser fühlt, wird die Auswirkung von Sorge, Spannung oder schlechter Stimmung auf die Seele gemindert und eine Besserung tritt ein. Für den Kummer ist Fasten ein regelrechter Nährboden. Unterbricht man das Fasten, dann bricht auch der Kummer.

Es ist schon kurios. Wenn wir in solchen Fällen, in denen es uns stimmungsmäßig schlecht geht, von unseren Freunden zum Essen gedrängt werden, dann ist üblicherweise eine gewisse Weigerung zu essen unsere erste Reaktion. Wenn wir schließlich nachgeben, dann widerstrebend und gegen unseren Willen. Warum weigern wir uns zu essen? Es liegt nicht nur daran, dass wir nicht hungrig sind, sondern dass uns unbewusst klar ist, dass, wenn wir essen, auch unser Kummer und unsere schlechte Stimmung abnimmt - und der Gedanke drängt sich auf, begründet oder nicht, dass es nicht richtig ist, dem Kummer, den Sorgen oder der Trauer zu entfliehen, egal wie schmerzhaft sie sein mögen. Vielleicht ist es die tiefe Realität eines persönlichen Verlustes, oder vielleicht ist es eine versteckte Spur von Masochismus, die unser Inneres zu solchen Reaktionen veranlasst. Tatsache ist, dass wir den Schmerz dem schnellen Trost vorziehen und deshalb instinktiv ein Gegenmittel, wie zum Beispiel das Essen, ablehnen, weil es unser Leiden mildern würde. Ich respektiere das Leiden, aber ich möchte auch lernen, dass ich meine Seele durch meinen Körper heilen kann, wenn ich dies für wünschenswert und angebracht halte.

Professionelle Artisten im Zirkus können uns dazu etwas beibringen: Wenn es beim Springen, im Trapez oder in den Seilen einen Unfall gegeben haben sollte, dann gehen alle gleich wieder an die Arbeit (zumindest die, die nicht verletzt sind) und lassen nicht zu, dass die Show unterbrochen wird. Es gibt einen wichtigen psychologischen Grund für dieses Verhalten, denn wenn sie erst einmal zulassen, dass sich das Trauma in den Köpfen einnistet, wird es mit jedem Tag schwerer, zu der Arbeit zurückzukehren, bei der sie die schlechte Erfahrung gemacht haben. Wird die Arbeit jedoch sofort wieder aufgenommen, dann heilen die seelischen Wunden bald und es kehrt wieder Ruhe ein. Was ich hier hervorheben möchte ist, dass dieses Verhalten sich nicht nur aus psychologischen-, sondern auch aus physiologischen Gründen heraus geschieht. Denn das Trauma hat auch den Körper ergriffen und seine Spuren in Muskeln, Sehnen und Nerven hinterlassen. Und all diese Spuren, diese Informationen im Körper müssen so schnell wie möglich durch neue Erfahrungen und Übungen „gelöscht und überschrieben" werden, wenn wir verhindern wollen, dass sie sich für immer und unauslöschbar einprägen. In ihrem hervorragenden Buch „*The Art of Change*" sagt Dr. Glen Park (auf S. 164):

Wenn man soeben eine schmerzhafte Erfahrung gemacht hat, wie zum Beispiel einen Sturz vom Fahrrad, dann bekommt man üblicherweise den Rat, so schnell wie möglich wieder aufzusteigen, damit sich dem Körper erst gar keine Furcht vor dem Radfahren „einprägt". Damit will man verhindern, dass das Erlebte körperliche Spuren hinterlässt. Viele Menschen wissen, dass sie irrationale Ängste haben, die überhaupt keinen Sinn machen. Dabei handelt es sich häufig um genau diese Ängste, die in den Muskeln und im Nervensystem wurzeln und im Unbewussten arbeiten.

Unsere Gelenke, unser Gewebe und unsere Nervenzellen haben im Laufe der Jahre eine Unmenge an Spannungen und Ängsten, an Unmut, Stimmungen und Launen gespeichert, die einander in unvermeidlicher Folge ablösen und die tief in uns einen dauerhaften Stempel in unserer Geschichte hinterlassen. Alle Zellen unseres Körpers sind vollgepackt mit Erinnerungen, wie ein Computerchip, und sie entlassen ihre Fracht aus Schmerz, Angst und Depression jedes Mal, wenn schmerzhafte Situationen im Leben die bitteren Erinnerungen vergangener Tage wieder wachrufen. Jedes Bündel verspannter Fasern in unseren Muskeln - und wir sind von Kopf bis Fuß viel verspannter, als wir es uns jemals vorstellen oder zugeben - ist ein Hort des Unbehaglichen, ein Arsenal tödlicher Waffen, ein radioaktiver Friedhof unklarer Erinnerungen. Unser Körper ist durchzogen von Spannungen jeglicher Art. Dieser Stress verrät und überrumpelt uns, wenn wir in unerwarteten Momenten impulsiv mit Ärger, Gewalt, Gedankenlosigkeit oder Trauer reagieren, was uns überrascht und beschämt, da wir nicht erkennen können, wo soviel Gemeinheit und soviel Dummheit herrührt. Sie entstammen den Furchen, die sich durch die gemachte Erfahrung sukzessiven Leidens in unserem Organismus eingegraben haben. Jede seelische Anspannung hat ihre Spur in den geheimen Archiven des Körpers hinterlassen. Diese Erinnerungen werden immer wieder mal aktiviert und in Momenten in unser Bewusstsein projiziert, in denen unbewusst die Vergangenheit wieder auflebt und unser Organismus wieder all den psychologischen und moralischen Zwängen, die uns in jenen Zeiten versklavt hatten, zum Opfer fällt. Unsere Körperzellen sind das blinde und unermüdliche Archiv all dessen, was uns im Laufe unseres Lebens verletzt hat. Traurigerweise belasten und konditionieren sie unsere zukünftigen Aktionen mit Vorurteilen aus der Vergangenheit. Deshalb ist es wichtig, die Geschmeidigkeit und Flexibilität unseres Körpers wiederzuerlangen, um die Strukturen der Seele zu befreien.

Ich habe diesen Prozess selbst durchgemacht. Im Alter zwischen meinem fünften und zehnten Lebensjahr besuchte ich in meiner Heimatstadt in Spanien die deutsche Schule, zu einer Zeit, als Deutschland seinen Griff auf Europa fester schloss und seine Armeen in dem berühmten und spektakulären Stechschritt marschierten. Das war an sich schon ein Bild für eine missgeleitete Starrheit des Körpers und in gleicher Weise ein Ausdruck der Starrheit des Denkens, das in der Blindheit der Isolation zu unvorstellbaren Gräueltaten geführt hat. Anschließend kam ich als Vorbereitung auf das jesuitische Noviziat auf ein Internat der Jesuiten, wo strikte Disziplin und hohe Anforderungen herrschten. Zu dieser Zeit wurde von uns Perfektion erwartet, und uralte Regeln und Vorschriften formten unsere äußere Routine und unsere innere Entwicklung in strenger Einhaltung der Traditionen. Um das Maß voll zu machen, wurde ich, als ich von Spanien nach Indien geschickt wurde, dazu bestimmt, dort ausgerechnet Mathematik zu studieren und das an keiner anderen Universität als an der von Madras, wo Ramanujans Andenken wachgehalten wird durch die hervorragendsten Professoren und die intelligentesten Studenten in dieser anspruchsvollsten aller Wissenschaften. Ich habe diese lange Zerreißprobe überstanden, aber die fortgesetzte Reglementierung hat ihre Spuren in Form einer Starrheit des Geistes und des Körpers hinterlassen. Die Haltung und die Vorstellungen ließen mich engstirnig in meinem Denken und mechanisch in meinen Bewegungen werden. Ich weiß sehr wohl, wie innerliche Kompromisslosigkeit durch äußere Steifheit verstärkt wird, ein gewolltes Komplott organischer Mittäterschaft.

Als ich Jahre später versuchte, endlich lockerer zu werden, da spürte ich den gepaarten Widerstand der Doppelbindung von Körper und Seele. Ich fand es relativ einfach, meinen Geist zu öffnen und meinem Denken Raum zu geben. Die geistigen Pfade, auf denen ich mein Leben lang gewandert war, waren so schmal, dass es eine unsägliche Erleichterung war und ein dankbar und freudig angenommenes Wunder, diese Pfade zu verlassen, Türen zu öffnen, Landschaften zu sehen und Horizonte zu entdecken. Der Geist ist lebendig und bereit, mit seiner angeborenen Neugier und Abenteuerlust die Hürden der Zensur zu überwinden. Für den Körper ist dies jedoch etwas schwerer. Das physiologische Erbe lässt sich nicht willkürlich ändern, und alte, tief in den Körper eingebettete Gewohnheiten lassen sich nicht auf Befehl, egal wie klar und unmissverständlich, ablegen. Ohne dass der Körper es zulässt, lockern alte Gewohnheiten der Spannung, der Angst und der Hast nicht so ohne weiteres ihren Griff, mit dem sie unsere Reaktionen und unser Verhalten beeinflussen. Wir müssen den Körper regelrecht umerziehen.

Die Rigidität meiner Bewegungen stand im Widerspruch zu der Freiheit meiner Seele, die ich bereits erworben hatte, und stiftete in mir selbst und bei anderen Verwirrung, wenn ich welt-weltoffene Ideen mit eingeschränkter Gestik und starrer Körpersprache darlegte. Ich sah mich nach Hilfe um, wovon es in Indien viele Arten gibt. Ich versuchte es also mit Yoga, mit Bioenergetik und Vipassana, das letztere unter der charismatischen Führung Shri Satyanarayan Goenkas, dem bekanntesten Vertreter dieser Richtung, in seinem Hauptquartier in Igatpuri. All diese Methoden taten mir gut, aber keine beherrschte ich richtig. Die Integration des Körpers als eine gemeinsame Aktion mit dem Ziel, eine ganzheitliche Einheit des Seins zu schaffen, braucht seine Zeit. Ich nutzte meine Europareisen und besuchte Kurse, in denen ähnlicher Methoden gelehrt wurden, wie zum Beispiel die „Antigymnastics" nach Francoise Mézières und Thérèse Bertherat unter der Leitung von Ramón García Lampaya, dann unter Leitung von John Hunter die „Alexander-Technik" und schließlich Tai Chi mit

Liliana Toledo. Im Tai Chi fand ich schließlich die Übungen, die meinen Bedürfnissen und meinem Geschmack am nächsten kamen. Diese Übungen praktiziere ich täglich und besuche auch gelegentlich weitere Tai Chi Kurse, immer unterbrochen von meinen häufigen Reisen, doch ich nehme sie stets mit wachsendem Interesse wieder auf. Auch Eutonics, Akupunktur und Reflexologie haben mir zu verschiedenen Zeiten geholfen. In keiner dieser Methoden bin ich Meister, sondern ich bin nur ein ergebener Anhänger und eifriger Schüler. Und ich erwähne all diese Methoden hier nur, um mein Bemühen zu dokumentieren, um jetzt, nach Jahren und nach ständigem Training, endlich den lebenswichtigen Kontakt zu meinem eigenen Körper wiederherzustellen. Sie sind sozusagen meine Zeugnisse.

Ich wagte es sogar, Kurse in organischer Integration anzubieten, wobei ich von Anfang an allen deutlich machte, dass ich diese Kurse durchführe, um selbst durch Lehren zu lernen, was die beste Methode des Lernens ist. Manchmal ist es nicht erforderlich, alle Details genauestens zu kennen, um etwas zu vermitteln. Wenn Schüler und Lehrer gemeinsam lernen, kann das sogar von Vorteil sein. So hat es zumindest König Karl V. von Spanien gesehen, wie uns sein Biograph, Rey Stolle, in dem Buch *The Saintly Duque of the First Empire* (Der heilige Fürst des ersten Reiches) berichtet:

Der Kaiser kam zu der Erkenntnis, dass es für ihn unerlässlich sei, Mathematik zu lernen, um sein Königreich besser zu regieren. Er rief seinen Vizekönig zu sich, den Herzog von Gandia (der niemand anders war als der Hl. Francisco Borgia) und bat ihn, sein Lehrer in diesem neuen Fach zu werden. Der Herzog protestierte, da er von Mathematik keine Ahnung hätte, aber der König bestand darauf, mit folgendem Argument: „Es ist genau aus diesem Grund, dass ich dich bitte, mir diesen Dienst zu erweisen. Wenn mich ein Mathematikgelehrter unterrichtet, dann würde er mich mit seinem Wissen überhäufen, und ich habe keine Zeit für Details. Wenn du jedoch das Wichtigste von Tag zu Tag und von Unterrichtsstunde zu Unterrichtsstunde erlernst und es mir gleich anschließend erklärst, dann sparen wir beide Zeit und gewinnen unsere Informationen, so, wie es meinem königlichen Wunsch entspricht."

Wie viel Mathematik Karl V. lernte, wird in seiner Biographie nicht erwähnt. Derjenige jedoch, der sicherlich einiges gelernt hat, war offensichtlich Francesco Borgia. Der königliche Befehl, den täglichen Unterrichtsstoff zu begreifen, aufzunehmen, zusammenzufassen und dann gleich einem anderen zu erklären, ist die beste Methode, das zu lernen, was man anderen vermitteln will.

Weitere Hilfe fand ich auch in Gendlins Buch *Focusing* und insbesondere in Martin Siems Buch *Your Body has the Answer*, dann in der PHR-Bewegung (*Personality and Human Relations*) von André Rochas, in der eine der ersten Lektionen das Thema „*Access to Your Self Through Your Body*" (Zugang zu deinem Selbst durch deinen Körper) trägt, und in den Lektionen, die Pater Irala uns angehenden Jesuiten vor Jahren über „bewusste Wahrnehmungen" als die beste Medizin für alle Arten von nervlicher Anspannung erteilte. Eine seiner oft wiederholten Lektionen in Bezug auf quälende Schlaflosigkeit war zum Beispiel: Wenn wir nicht ordentlich schlafen können, dann liegt der Grund dafür oft in der Anspannung unserer Muskeln; in dem Moment, in dem wir unsere Muskeln richtig entspannen, kommt auch der Schlaf. Schlaf bedeutet Frieden der Seele, und er kommt zu uns durch einen entspannten Muskeltonus, der wiederum ein Zeichen für Frieden im Körper ist. Diese Lektion ist universell und hat ihre eigene Tradition.

Bereits damals wurde mir auch klar, dass man bei der Anwendung von Heilmaßnahmen und entsprechenden Taktiken Zurückhaltung und gesunden Menschenverstand walten lassen muss, da wir vielleicht auf ganz neue Vorgehensweisen nicht vorbereitet sind und nicht angemessen reagieren können. Eine Geschichte aus jenen Tagen verdeutlicht diese Gefahr. Zu jener Zeit, als wir unter dem Einfluss der oben beschriebenen „bewussten Wahrnehmung" standen, da sah ich eines Tages einen meiner Gefährten, der ständig nervös und angespannt war, vor einem Rosenstrauch stehen. Unbeholfen und angestrengt beugte er sich über die Blüten und sog mit mechanischen Gesten ihren Duft ein, so als würde er sich mit eiserner Disziplin einer Pflicht entledigen. Wenn er nicht schon ärgerlich war, dann machte ihn diese Übung erst richtig wütend.

Es sieht also ganz so aus, als ob auch das Riechen an einer Rose eine Kunstform ist. Die Rosenblüten warten nur darauf und sind nur zu bereit, uns diese Kunst zu lehren!

3. NEUE ANTWORTEN

Warum kann wohl eine bewusste Sinneswahrnehmung sogar eine Neurose heilen? Warum führt ein entspannter Muskeltonus dazu, dass wir einschlafen? Wie kommt es, dass eine gesunde Körperhaltung der Seele Frieden und Ruhe bringt? Die allgemeine Antwort auf diese und ähnliche Fragen ist: Die Einheit von Körper und Geist in ungeteiltem Sein. Neuronen und Nerven arbeiten Hand in Hand mit Freude und Furcht. Dies ist das fundamentale Prinzip, und es ist leicht zu verstehen und zu akzeptieren. Andererseits möchte ich jedoch bereits zu Beginn darauf hinweisen, dass das, was in der Theorie einfach erscheint, sich leider nur schwer und mühselig in die Praxis umsetzen lässt. Darum tut man gut daran, sich dieser Wahrheit aus verschiedenen Blickwinkeln zu nähern. Ich erhebe für mich nicht den Anspruch, etwas neu erfunden zu haben, sondern berichte hier ganz offen davon, welchen Weg ich selbst eingeschlagen habe, um zu meinem Körper zurück zu finden.

Als erstes ein konkretes Beispiel zur Vorbereitung: Sorgen und Ängste sind im Leben die zentralen Ursachen für ein Gefühl des Unbehagens, des generellen Unwohlseins. Darin schließe ich Gefühle wie Furcht, Kummer, Schüchternheit oder Unentschlossenheit mit ein, ohne hier weiter auf ihre jeweils genauen Definitionen, die unterschiedlichen Bedeutungen und Schattierungen einzugehen, denn sie sind hier unerheblich. Wichtig ist mir das sie verbindende, negative Gefühl eines Rückzugs, einer Flucht - und der Spannung, die auf die eine oder andere Weise unsere Seele in Ketten legt und unser Leben beeinträchtigt. Wir alle unterliegen gelegentlich diesen Gefühlen, und wir alle möchten zu gerne wissen, wie man sich von der demütigenden und depressiven Last befreien kann, die unser Selbstvertrauen zerstört und unsere Hoffnungen im Leben so relativiert, bis wir schließlich statt auf festem Boden nur noch auf einer Ebene der Unsicherheit stehen. Wie also wird man diese Sorgen und Ängste los?

Zu allererst: wie soll man sie verstehen? Fritz Perls hat es zutreffend beschrieben: „Furcht ist die Distanz zwischen dem Jetzt und dem Dann". Stellen wir uns vor, es hängt etwas über unserer fernen oder auch nahen Zukunft: eine Entscheidung, ein Risiko, eine Konfrontation, eine neue Situation, eine Veränderung, ein chirurgischer Eingriff; etwas Unangenehmes, Schmerzhaftes, Riskantes. Es dauert noch eine Weile, bevor es passiert, und vielleicht geschieht es ja auch überhaupt nicht, aber in unserer Vorstellung ist es schon Wirklichkeit. Es ist dieser Wartezustand, die Zeit zwischen dem Gedanken an ein befürchtetes Ereignis und seinem tatsächlichen Eintreffen, der unsere Seele auf die Folter spannt und uns aus der Fassung bringt. Furcht ist ein Kind der Zeit. Ihr Maß ist die chronologische Distanz. Ihre Instrumente sind die Uhr und der Kalender. Und ihr Opfer ist unser gesamtes Sein in nervlicher Anspannung und körperlichem Unbehagen. Zeit tötet.

In meinem Leben hatte ich eine Vielzahl von Prüfungen abzulegen, und ich glaube, ich habe alle mit wehenden Fahnen bestanden - selbst meine Motorradfahrprüfung, die ich auf Anhieb schaffte, obwohl ich beim Ausführen des vorgeschriebenen Fahrmanövers in Form einer Acht stürzte. Doch mein Prüfer drückte ein Auge zu, weil er mein Wohlwollen gewinnen wollte, damit sein Sohn die Zulassung auf unser College bekäme. Ohne Konsequenzen, denn ich habe auch später nie jemanden überfahren. Ich habe mich auf meine Prüfungen stets sorgfältig vorbereitet, doch ganz gleich, wie sicher ich mir meiner selbst war und wie gut ich das Thema beherrschte, stets fühlte ich diese nagende Unsicherheit, jene Schmetterlinge in meinem Bauch, dieses hormonelle Ungleichgewicht, dass den Körper auflöst und die Seele ausdörrt. In der ganzen Zeit zwischen der Examensvorbereitung und der Prüfung selbst lebte ich in Anspannung - auch wenn ich mir noch so sehr sagte, dass ich nach bestem Wissen und Gewissen alles nur Mögliche getan hätte, trotz meiner inbrünstigen Gebete, die ich zum Himmel schickte, trotz all meiner zwar geistig aufrichtigen, doch in der Selbst-Überzeugungskraft schwachen Erklärungen, dass ich meine Zukunft - mit allem, was geschehen würde - vollkommen in Gottes Hand legte; es blieb diese hartnäckige innere Unruhe. Würde ich gut abschneiden? Was werden sie mich fragen? Wie soll ich antworten? Wie viele Tage noch? Wann wird es vorbei sein? Und um alles noch schlimmer zu machen, musste ich nach außen hin den starken Mann markieren und vorgeben, dass mir die Prüfung überhaupt keine Sorgen mache, ich wohl vorbereitet sei und nicht im geringsten am guten Ergebnis zweifeln würde - eine soziale und universelle Lüge, die nur noch die verborgene Tortur des langen Wartens verstärkte. So lange man sich in diesem geistigen Wartezimmer aufhält, so lange ist man besorgt und voller Erwartungsangst.

Und nun: Der Tag der Prüfung ist da. Ich sehe mich selbst, wie ich mich in dieser ominösen Halle in den parallelen Reihen besorgter Köpfe an meinen Platz setze. Das Klingelzeichen ist vorüber und die Aufsichtspersonen beginnen mit dem Austeilen der unbarmherzigen Fragebögen mit ihrem todbringenden Inhalt. Ich nehme mein Urteil entgegen, schaue es kurz an und beginne zu schreiben. Und dann wiederholt sich das, was mir immer in solchen Zerreißproben geschieht: Kaum habe ich ein paar Zeilen geschrieben, werde ich ruhiger, meine Sorgen flauen ab, es fängt an, mir Spaß zu machen und schließlich genieße ich dieses Erlebnis sogar. Das Thema ist mir vertraut und es gefällt mir, dies unter Beweis zu stellen. Furcht und Sorgen sind vorbei. Der ganze befürchtete Prozess entpuppt sich als eine ruhige Übung. Was ist geschehen? Die Zukunft ist zur Gegenwart geworden. Die „Distanz" ist verschwunden. Der ferne Horizont ist zum Boden unter meinen Füßen geworden, der Kalender zeigt den heutigen Tag und die Uhr die aktuelle Zeit. Und damit haben wir das erste Indiz, welches die Quelle praktischen menschlichen Wohlergehens ist: Kontakt mit der Gegenwart! Denn dieser Kontakt lässt Furcht und Sorgen verschwinden!
Wir sind eine gepeinigte Rasse, weil unser Leben aus unnatürlichen Projektionen auf die Zukunft besteht. Ständig stellen wir uns

etwas vor, übertreiben, fürchten uns vor etwas. Als Schatten in der Nacht werden die Geister unserer Besorgnis immer noch länger. Unsere Krankheit hat einen Namen: Zukunft. Und das Hausrezept, das in diesem Fall die wirkungsvollste Therapie ist, heißt: Zurück in die Gegenwart! Kontakt, Realität, Wahrheit. Leben, wo wir leben, und dort sein, wo wir gerade sind. Eine angemessene Projektion vorwärts und rückwärts, eine funktionierende Erinnerung an die Vergangenheit und eine realistische Planung der Zukunft sind notwendig und gesund - und sind Teil unseres normalen Lebensbereiches. Wir müssen Dinge vorhersehen und berechnen und daran denken, was vielleicht kommen mag, und auch unsere vergangenen Erfahrungen schätzen, die unser Leben bereichert haben. Aber je mehr wir die Gegenwart leben, fühlen, spüren und sie umarmen, desto größer wird unsere Vitalität und desto glücklicher wird unsere Existenz sein.

Diese Überlegungen lassen uns die Wichtigkeit der Gegenwart in unserem Leben erkennen. Von diesem Punkt aus zu unserem Körper ist es jetzt nur noch ein kleiner Schritt, wie Sie bereits vermutet haben. Aber bevor ich dazu komme, möchte ich noch sagen, dass der Umgang mit Furcht und Sorgen hier nur stellvertretend für eine fundamentalere Grundeinstellung steht, die sich auf unser ganzes Leben auswirkt. Ich werde hier die Voraussetzungen dafür aufzählen und diese der besseren Übersicht halber nummerieren.

Erstens: Wir sind aufgerufen, das Geschenk des Lebens ganz auszukosten, hingebungsvoll und freudig. „Ich aber bin gekommen, damit sie das Leben haben, Leben im Überfluss." (Joh 10,10)

Zweitens: Tatsächlich leben wir weit unter unseren intellektuellen, affektiven, religiösen und sozialen Möglichkeiten. „Der aber, der nur einen Zentner bekommen hatte, vergrub das Geld seines Herrn in der Erde." (Mt 25,18)

Drittens: Konditionierungen aus der Vergangenheit und festgelegte Verhaltensmuster berauben uns unserer Vitalität und Energie und hindern uns daran, in Freiheit und Verantwortlichkeit ganz wir selbst zu sein. „Sammelt keine Reichtümer hier auf der Erde! Denn ihr müsst damit rechnen, dass Motten und Rost sie zerfressen. " (Mt 6,19)

Viertens: Sorgen über unsere Zukunft und exzessives Planen mindern unsere Lebensqualität, weil sie zu Inaktivität in der Gegenwart führen. „Quält euch nicht mit Gedanken an morgen." (Mt 6,34)

Fünftens: Folglich ist das geeignete Mittel, unsere Existenz wiederzubeleben, das zu Recht so genannte „Sakrament des Augenblicks", womit wir jedem Moment unseres Lebens seine von Gott gewollte Würde, Tiefe und Vollständigkeit zurückgeben, mit unseren eigenen Anstrengungen und Seiner Gnade. Die Gegenwart zu leben, heißt von Tag zu Tag, von Augenblick zu Augenblick ehrlich und aufrichtig und in dankbarer Hinwendung das Leben, das Gott uns geschenkt hat, zu leben. „Gib uns, was wir heute zum Leben brauchen." (Mt 6,11)

Auf die eine oder andere Weise wurden diese fünf Punkte zum Grundstock all dessen, was ich denke und schreibe, für mich und all jene, die mit mir den Glauben teilen, dass wir unser Leben im Dienste Gottes und unserer Mitmenschen auf höhere Ebenen bringen können. Ich habe diese Themen häufig mit Männern und Frauen diskutiert, die engagiert für das Königreich Gottes arbeiten mit dem Besten, was uns Wissenschaft, Weisheit, menschliches Denken und göttliche Gnade als Hilfe für die Bewältigung unserer Aufgabe, das Leben der Menschen zu bereichern, bieten. Wir alle sind fasziniert von dem Ruf der Gegenwart, von ihrem Versprechen eines neuen Lebens, von der Befreiung von der Last der Vergangenheit und den Ränken der Zukunft. Uns begeistert die bescheidene Garantie der Gegenwart, dass sie unsere Wahrnehmung schärfer werden läßt, unsere Gefühle vertieft und unsere

Existenz intensiviert, was stets einhergeht mit unserem Bemühen, mit all unserem Sein in jedem Augenblick verstehen, leben, dienen und beten zu können. Mit angemessenem Respekt vor der Vergangenheit und der Zukunft, die beide ihren bestimmten, aber auch begrenzten Platz in unserem Leben haben, wird uns schließlich bewusst, das der Tag, an dem wir den ewigen Wert des Augenblicks erkennen, in unserem Leben einen glücklichen Wendepunkt markieren kann.

Jetzt kommen wir zu einer interessanten Beobachtung, die ich immer wieder gemacht habe, wenn dieses Thema in Gruppen, bei Begegnungen und Dialogen aller Art zur Sprache kam. Die Diskussionsteilnehmer sagen mir dann häufig etwas in dem Sinne von: Ja, einverstanden. Die Gegenwart zu leben ist das große Gebot, das uns auffordert und ermuntert, immer wieder unser Leben zu erneuern, mit unserer Bitte nach dem „täglichen Brot" und als Realität eines jeden Tages und eines jeden Moments in der heilbringenden Gegenwart dieses einmaligen Augenblicks. Vollkommen einverstanden. Psychologie, Ethik und Weisheit und die göttliche Offenbarung führen uns zu dieser Gnade, und wir erkennen darin das göttliche Geschenk und wissen es zu schätzen. Wir möchten in der Gegenwart leben. Aber wie macht man das? Darüber zu reden ist einfach, aber sehr schwer, es zu tun. Wir verstehen die Theorie, aber sie in die Tat umzusetzen ist eine andere Sache. Der Wirbelwind unserer Phantasie hat uns so lange schon durchgeschüttelt, dass es uns unmöglich ist, den verrückten Strom unserer unbändigen Gedanken zu stoppen. Erinnerungen, Schuld, Ablehnung, Furcht, Sorgen und unsere Phantasien: Wir leben nun mal in dieser sorgenvollen Welt, und wer kann sich davon befreien? Wer kann wirklich über solche Dinge nachdenken und doch dabei jeden flüchtigen Moment bewusst positiv erleben, bevor er in die düsteren Schatten, die um uns aufziehen, verschwindet? Wir möchten gerne das in die Tat umsetzen, was uns so einleuchtend scheint - aber wie geht das?

Oft geschieht es schon zu Beginn eines Seminars, wenn ich gerade erst die fünf Schritte zur Erneuerung unseres Lebens grob skizziert habe, dass eine Hand erhoben wird und jemand mit seiner Frage den gesamten Kurs überspringt und bereits zu Anfang wissen will, was eigentlich an den Schluss gehört: „Alles gut und schön, aber wie gehen wir vor?" Der Fragesteller hat schnell die Wichtigkeit und die praktische Seite dieser gerade thematisierten Forderung erkannt, welche ist, das Leben voll in der Gegenwart zu leben, und wünscht jetzt sofort eine prompte Antwort und eine umsetzbare Methode. Geschäftsmäßige Ungeduld und legitimer Druck von jemandem, der sich von dieser Aufgabe zutiefst angesprochen fühlt und jetzt mit der Tüchtigkeit eines Managers herausfinden möchte, wie man diese wichtigste Aufgabe im Leben denn nun wohl am besten angeht und löst. Gewöhnlich reagierte ich ungehalten, wenn diese Schlussfrage schon am ersten Tag gestellt wurde, doch meine Ungeduld war nur Ausdruck meiner eigenen Unwissenheit und meiner Unfähigkeit, eine konkrete Frage zufriedenstellend zu beantworten. Ich rettete mich, indem ich um Geduld bat; indem ich darauf bestand, dass organisches Wachstum allmählich, Schritt für Schritt vor sich gehe, und nicht im Haurück-Verfahren. Danach erklärte ich das Paradoxon der Veränderung, dass nämlich persönliche Entwicklungen nur eintreten, wenn wir es am wenigsten erwarten, und nicht, wenn wir „powern". Und schließlich erinnerte ich alle daran, dass die Kunst zu leben nicht vergleichbar sei mit einem Handbuch, wie zum Beispiel einem „Englisch in 15 Tagen" Kurs, und dass alle wahren Meister sich immer geweigert haben, oberflächliche Ratschläge für Situationen und Prozesse zu geben, die die Tiefen der Seele berühren. Wertvolles bedarf keiner Eile. Das waren meine Antworten, und die behielt ich auch bei in Gesprächen, Seminaren und Büchern, während ich immer wieder neu auf Suche nach neuen Antworten ging und Lösungen, die ich selbst noch nicht kannte, vor mir herschob.

Nicht, dass ich jetzt etwa mit fertigen Lösungen aufwarten könnte. Ich glaube immer noch, dass die Kunst zu leben nicht verwässert werden darf und dass wir das Verlangen unseres Geistes nicht auf die Banalität von Fertiglösungen herunterstufen dürfen. Aber der äußere Druck der wiederholt gestellten Frage: „Wie gehen wir vor? Was machen wir?", zusammen mit dem inneren Druck meines eigenen Interesses und Wunsches, das zu praktizieren, was ich andere lehre, haben mich zum Nachdenken gebracht und dazu, eine zufriedenstellendere Antwort auf diese drängende Frage zu suchen. So kam folgender Vorschlag zustande, und ich sage Ihnen ganz offen, dass es sich nur um einen Vorschlag handelt, eine Gedankenrichtung, einen vorsichtigen Hinweis auf einen vielversprechenden Kurs, eine Anregung zu einem konzertierten Hineinwachsen in die Fülle des Lebens, nach der wir alle so sehr verlangen. Dies ist, im Anschluss an die Aufzählung von vorhin, der sechste und letzte Schritt im Nachdenken über das Leben. Er verdient und bekommt ein eigenes Kapitel. Doch bevor wir fortfahren, hier eine kleine Anekdote:

Ein indischer Maharadscha studierte bei dem berühmten Harold J. Laski in London Wirtschaft.
Zwanzig Jahre später schickte er seinen Sohn ebenfalls zu diesem Professor. Als er mit seinem Sohn über das Studium sprach, bemerkte er, dass Laski den Studenten dieselben Fragen stellte wie vor 20 Jahren. Daraufhin sagte er seinem Sohn: „Bestell Laski, dass es an der Zeit ist, die Fragen zu ändern!"
Der Junge übermittelte die Botschaft, worauf Laski antwortete: „Sag Deinem Vater, dass die Fragen immer dieselben bleiben –
Was sich ändert, sind die Antworten!"

Lassen Sie uns neue Antworten finden!

4. NON COGITO, ERGO SUM
ICH DENKE NICHT; ALSO BIN ICH

Was ist es denn nun eigentlich, das uns davon abhält, im Hier und Jetzt zu leben? Ganz einfach - unsere Erinnerungen an die Vergangenheit und unsere Vorstellung von unserer Zukunft. Erinnerung und Vorstellung. Es geht um die Fähigkeit des menschlichen Geistes, alles das immer wieder ins Wachbewusstsein zu holen, was wir in der Vergangenheit durchlebt haben, und auch alles das auf unseren mentalen Bildschirm zu projizieren, was wir in der Zukunft erleben mögen. Unser Gehirn ist es, unser eigenes Denken, das uns aus der Gegenwart entwurzelt, unsere Augen verschleiert, unsere Ohren verstopft und das vor uns versteckt, was uns in der Wirklichkeit umgibt. Es breitet über die Wirklichkeit die imaginären Schatten der Geister der Vergangenheit und die Träume von der Zukunft. Das Denkvermögen ist bei uns, als rationalen Wesen, die größte Begabung und darum beherrscht es mit seinem Marschrhythmus die Korridore unserer Seele und füllt den lebenswichtigen Raum in uns mit Gewohnheiten aus der Vergangenheit und Ängsten vor der Zukunft. Es füllt den Raum, der dazu bestimmt war, mit Freude und Spontaneität auf jeden neuen Augenblick zu reagieren, und nicht die Last einer nebulösen endemischen Routine zu tragen. Gedanken ersticken Empfindungen.

Es liegt mir fern, den intrinsischen Wert des Geistes, der Erinnerung oder der Phantasie zu unterschätzen. Die Erinnerung ist der Bewahrer der Identität des Menschen, ohne sie wäre ich in diesem Moment nicht ich und wäre nicht in der Lage zu sprechen, Menschen zu erkennen, mir meiner selbst bewusst zu sein, herauszufinden, wo ich bin, was ich tue, wo ich lebe. Genauso nötig wie den Atem brauche ich die Erinnerung, um just in diesem Moment zu leben, der auf all den Momenten aufbaut, die ihm in der existentiellen Kontinuität eines lebendigen Bewusstseins, dem wahren Herzen des Menschen, vorangegangen sind. Ich brauche meine kreative Vorstellungskraft, um zu singen und um zu träumen, Farbe in mein Leben zu bringen und meinen Gedanken Flügel zu verleihen in dieser multidimensionalen Welt, die sich mir öffnet. Aber gerade so, wie ich den Wert meiner besten Fähigkeiten erkenne und ihnen für ihre Hilfe dankbar bin, so bin ich mir auch mit der gleichen Klarheit und Unvoreingenommenheit der großen Gefahr bewusst, der sie mich aussetzen, und zwar genau aus dem Grund, weil sie so wertvoll sind und eine so wichtige Rolle in meinem Leben spielen. Die Gefahr ist, dass sie mein ganzes Leben durchdringen, mein Sein mit Beschlag belegen, mich nach Belieben von einem Ende zum anderen stoßen, von der Reue über Vergangenes hin zu den Sorgen um die Zukunft, wodurch ich den vitalen, schnellen, spontanen und freudigen Kontakt mit dem Augenblick in seiner einzigartigen Realität verliere. Mentale Aktivität behindert die existentielle Aktivität des Augenblicks. Der Gedanke an das Leben lenkt uns vom Leben ab.

Nun endlich, nachdem wir liebevoll, in aufrichtiger Erwartung und uns der Bedeutung bewusst den Weg für den letzten Schritt bereitet haben, stellt sich uns die entscheidende Frage, die uns auf pädagogische Weise die Türen öffnet, um unser eigenes Verhalten zu verstehen und bereitwillig auf seine Forderungen zu reagieren: Was ermöglicht uns denn den Kontakt mit der Gegenwart? Wenn unser Geist uns ablenkt, unsere Phantasie und unsere Erinnerung uns immer wieder gewaltsam zurückhalten, was ist es denn in unserem Leben und tief in uns selbst, dass uns andererseits immer wieder in die Gegenwart zurückführt, uns in der nackten Realität verankert, uns fest verwurzelt in dem äußerst vitalen und permanent begeisternden Kontakt mit der Welt um uns herum, mit den Empfindungen, die uns erreichen, mit dem Pulsieren unseres Lebens und dem Fließen unserer Energien? Was lässt uns fühlen, *wo* wir sind, was verbindet uns mit unserer Umwelt, was bewirkt unsere Einheit, was vergewissert uns mit direktem Realismus und erfrischender Totalität, dass wir existieren?

Die Antwort ist ganz einfach: unser Leib, unser Körper. „Leib" ist das Synonym für „Gegenwart". Mein Leib kann nicht zur gleichen Zeit an zwei verschiedenen Stellen sein. Und was sich uns auf den ersten Blick wie eine Einschränkung präsentiert, ist in Wirklichkeit ein echter und hilfreicher Segen, wenn wir seine wahre Bedeutung verstehen und aus den praktischen Konsequenzen Nutzen ziehen. Meine Augen können nur das sehen, was vor ihnen steht. Wenn wir jetzt mit ihrer Hilfe diese elementare und vergessene Kunst des Sehens, des genauen Hinschauens wiederentdecken und folglich wieder besser wahrnehmen, dass wir sind, was wir sind, dass wir leben, wo wir leben, dann sind wir bereit, uns auf den Weg zu seelischer und geistiger Gesundheit zu begeben. Denn dann nehmen wir die Dinge, wie sie sind, und das Leben, wie es kommt, ohne feige Fluchten in Phantasien oder Erinnerungen. Meine Ohren können nur die Geräusche hören, die sie in diesem Moment erreichen, meine Nase nimmt nur die Gerüche wahr, die sie gerade einatmet, mein Gaumen schmeckt nur das, was jetzt gerade mit ihm in Kontakt kommt, und meine Fingerspitzen fühlen jetzt, da ich diese Seite schreibe, nur die Tasten der Schreibmaschine. Meine Sinne fangen die Gegenwart ein, machen sie für mich in jedem Augenblick real und lebendig mit ihrer erstaunlichen Fähigkeit, sich auf das zu konzentrieren, was in diesem Moment vor ihnen liegt, um es schon im nächsten Augenblick wieder zu entlassen. Denn sie sind Teil eines unermüdlichen Rhythmus' der Annäherung und des Rückzugs, der Hinwendung und Abwendung, des Einzugs und Auszugs, all dessen, was den Rhythmus des Lebens und der Natur ausmacht, in Tagen und Jahreszeiten, in Puls und Atem, in Leben und Tod. Der Körper lebt mit voller Intensität die Totalität eines jeden Augenblicks. Seine Wachheit kann mir helfen, diese neue Vitalität wiederzuentdecken und für meine eigene Existenz intensiv zu nutzen. Mein Körper lebt in der Gegenwart, und er kann mein bester Partner werden, um die Bedeutung und die Formen der Gegenwart in meinem Leben wieder zu entdecken.

Ich gehe ohne festes Ziel die Straße entlang.
Ein Spaziergang aus Gesundheitsgründen, um mich fit zu halten, ein ökologischer Spaziergang, um den Kopf frei zu bekommen, um die Gelenke beweglich zu halten, um mich von dem täglichen Sitzen zwischen Büchern und Papieren und Tastaturen zu erholen, frei von Plänen und Projekten, Ideen und Schlussfolgerungen, als wohlverdiente und notwendige Erholung von verkrampfter Haltung und Verspannung, vom Eingeschlossensein und dem Druck der bürokratischen Sklaverei durch Stuhl und Schreibtisch innerhalb meiner vier Wände.

> *Meine Arme hängen locker herab,*
> *meine Beine tanzen,*
> *mein Hals dreht sich wie ein Periskop*
> *in alle Richtungen wie in einem fröhlichen Spiel,*
> *während ich gehe, ohne zu wissen wohin,*
> *und abbiege, ohne zu wissen warum.*

Dies ist mein bereitwilliger Beitrag zum Ausruhen und zur Gesunderhaltung meines Körpers; aber selbst hier mischt sich der Geist ein und fängt an zu denken, sich Dinge vorzustellen, Sachen aus der Vergangenheit hin- und her zu wälzen und unablässig das zu projizieren, was kommen mag.
Und so wird aus einem unschuldigen Spaziergang bald ein erregtes Parlament mit hitzigen Debatten zwischen Vorschlägen und Gegenvorschlägen.

> *Meine Füße laufen immer noch*
> *und meine Hände hängen locker herab,*
> *aber mein Kopf brummt so, als wäre ich*
> *mitten in einem ganz schwierigen Kapitel,*
> *wenn ich ein Buch schreibe.*
> *Meine Erholung ist dahin.*

Meine Füße schreiten weiter voran, so aber auch meine Gedanken. Und so lange der Kopf arbeitet, erlauben die Fesseln der Gedanken keine echte Erholung.

Es ist so leicht, mit der Wahrnehmung in den Körper zu gehen und die Luft tief und bewusst einzuatmen. Warum ist es dann nicht genauso leicht, in den Geist zu gehen und das unverantwortliche Geschnatter meines albernen inneren Geschwätzes abzustellen?

Die tägliche Tretmühle des Denkens. Weiter und weiter. Es hält nie still. Das nichtssagende Geplapper leerer Gedanken, die nichts wirklich bedeuten - aber die auch nicht zulassen, dass etwas Vernünftiges herauskommt. Es wird uns ganz schwindelig beim bloßen Anblick des unermüdlichen Hamsters in seinem Laufrad, in all seinem fruchtlosen Bemühen, irgendwo anzukommen, wobei er selbst immer mehr gereizt wird und schließlich alle in seiner Umgebung ebenfalls nervös macht. Das Denken kann das Fühlen und Spüren, das Wahrnehmen, ja, das Leben verhindern. Die edelste Fähigkeit des Menschen steigt ihm buchstäblich mit hochmütigem Stolz zu Kopf und beherrscht schließlich alles, zum Nachteil der körperlichen und organischen Vielfalt, die das Leben in seiner Gänze ausmacht. Die Göttin der Vernunft glaubt an ihre eigene Göttlichkeit und verachtet alle anderen Elemente in der betreffenden Person, in den Gefühlen und in den Sinnen, in den Organen und dem ganzen Körper, und bringt sie alle in einer Demonstration von Unfairness in unwürdige Sklaverei, die sich jedoch an ihr selbst rächt, indem die Vitalität dort verwelkt, wo Tyrannei herrscht. Ein ungebändigter Geist ist ein sich ausbreitender Krebs im zerbrechlichen menschlichen Leben.

Der japanische Zenmeister Taisen Deshimaru hatte sich in Frankreich niedergelassen, wo er auch mit den eleganten Scharfsinnigkeiten des westlich-abendländischen Denkens in ihrer verfeinerten, französischen Version in Berührung kam. Er war äußerst amüsiert über Descartes´ berühmte Behauptung, diese

Grundlage und Essenz des europäischen Rationalismus: „Cogito-ergo sum. Ich denke - also existiere ich!" Als erstes ist es verwunderlich, dass als Beweis unserer Existenz unsere Denkfähigkeit gewählt wurde. Descartes hat nicht gesagt, „Ich fühle, also existiere ich, oder „ich atme, also existiere ich"; „ich esse, also existiere ich." Und dieser Satz erklärt auch nicht, warum ein Berg, ein Stern oder ein Baum existieren, obwohl sie nicht denken. Und doch wurde diese kartesische Lehre im Westen das unerschütterliche Prinzip allen rationalen Denkens. Der japanische Mönch jedoch, aufgewachsen in einer geographisch und emotional gegensätzlichen Atmosphäre und mit einem begnadeten Sinn für Humor und für das Leben selbst gesegnet, was tausende von Anekdoten aus seinem ereignisreichen Leben belegen, fand diese kartesische Lehre eher amüsant und reagierte darauf mit einem Paradoxon, das unseren Geist erleuchtet, so wie es unsere Sicherheit erschüttert: „Descartes sagte, ‚Ich denke, also bin ich', ich aber sage, ‚Ich denke nicht, darum bin ich.' "

Ich kann mir genau das spitzbübische Grinsen auf seinem Gesicht vorstellen, als er das sagte. Ein lebendiger Kontrast zwischen zwei Kulturen. Jemand ist am Leben, weil er denkt - während ein anderer lebt, weil er nicht denkt, weil er seine im inneren Monolog ständig argumentierende Eigenaktivität auf ein Minimum reduziert hat, da diese mit ihren Ausführungen und Überlegungen die Frische seines spontanen Lebens beeinträchtigt. Der ganze Orient ist so voll von Licht und Farben, von Rhythmus und Klang, von Lächeln und Lachen, was die sogenannte „erste" und entwickelte Welt, die sich in anderen Dingen doch so „fortschrittlich" zeigt, vor Neid nur erblassen lassen kann, weil sie nicht fortgeschritten ist in der Kunst, das Leben in vollem Ausmaß zu leben und sich der elementaren Vergnügungen des täglichen Lebens zu erfreuen. Die Kulturen des Ostens leben ein volleres Leben, weil sie in der uralten Kunst geübt sind, die drin besteht, die ungezügelten Gedanken anzuhalten und ruhig werden zu lassen, den Geist freizumachen, das rastlose Denken zu beruhigen und sich so in Freiheit und voller Staunen einer belebenden Brise mit all ihrer überraschenden Neuheit und ihrem Zauber zu öffnen. Ich lebe, gerade weil ich nicht dauernd denke. Taisen Deshimaru hat ein volles Leben gelebt und sich an dem Besten, was Ost und West zu bieten haben, erfreut - und dabei andere gelehrt, dies auch zu tun. Er pflegte zu sagen: „Wir müssen mit dem Körper denken." Ein neues Thema für den Lehrplan einer Universität.

Dr. John Corbella Roig, ein erfahrener Psychiater, greift dieses Thema in seinem Buch mit dem Titel „*I Think, Therefore I Don't Exist*" auf. In der Einleitung erklärt er das Anliegen seines Buches: „Ich versuche in diesem Buch die Tatsache zu erklären, warum exzessives Denken Männer und Frauen zur Auslöschung ihrer eigenen Existenz führt. Wenn das Denken zur Sucht und zwanghaft wird, wenn das ständige Analysieren, in dem vergeblichen Bemühen, eine vollkommen zufriedenstellende Antwort zu finden, das Handeln und neue Ideen lähmt, dann wird Denken zu einer Tätigkeit, die die Vitalität des Menschen zum Erliegen bringt und neurotisches Verhalten produziert." Ich zitiere noch einige weitere Stellen aus derselben professionellen Quelle:

„*Es muss darauf hingewiesen werden, dass viele Menschen sich ihr Leben ausdenken, anstatt es auszuleben; sie analysieren ihre Emotionen, anstatt sie zu fühlen; sie unterdrücken ihre Leidenschaften, anstatt sie leidenschaftlich zu (er)spüren, denn sie fürchten ständig, dass sie nicht mit ihren Ideologien übereinstimmen könnten.*"

„*Wir finden uns oft in unserem Leben in der Rolle des Zuschauers wieder, anstatt auf der Bühne zu sein, wenn dort unser eigenes Leben aufgeführt wird.*"

„*Denken kann ein Stadium erreichen, und hat es häufig bereits erreicht, in dem es zu einem Ersatz für unser eigentliches Leben wird.*"

„*Die übertriebene Denkfunktion beschneidet unzweifelhaft unsere Fähigkeit, unsere Gefühle wahrzunehmen und unser Leben zu leben.*"

„*Egal, wie viele Jahr mir noch verbleiben, ich möchte sie leben, nicht denken; Ich werde nicht zulassen, dass meine ü-*

bertriebene Neigung zu planen, Dinge vorherzusehen und Dinge zu verhindern mir das Wertvollste nimmt: Das Leben."

Ich möchte noch einmal betonen, dass das Denken an sich nicht schlecht ist. Aber wir haben dem Denken in unserem Leben eine derartige Bedeutung eingeräumt, dass es fast die Gesamtheit unserer bewussten Aktivität ausmacht und dadurch unsere Reaktion auf die Vielfalt und die Fülle des Lebens in all seiner Herrlichkeit schwächt und mindert. Wir denken viel und fühlen wenig. Wir fördern unseren Geist und lassen unsere Sinne verkümmern. Wir füllen Seite um Seite mit unseren Erkenntnissen und verlieren die Fähigkeit, uns unmittelbar an den Dingen zu erfreuen, über die wir unsere Betrachtungen anstellen. Der Profikoch genießt kaum noch die Speisen, die er gekocht hat; der Botaniker sieht die Blumen nicht mehr, die er studiert. In einer Chemiefabrik im Süden Frankreichs, zwischen Nizza und Monte Carlo, zu der uns der Touristenbus, ob wir wollten oder nicht, brachte, schien ein seltsamer Parfümeur, der mit nur einem Schnüffeln jede Mixtur exotischer Düfte identifizieren konnte, keinerlei Vergnügen mehr an den Düften selbst zu haben; er war nur daran interessiert, sie mit akrobatischer Fähigkeit zu klassifizieren. Technik walzt die Kunst nieder, so wie die Bürokratie das Leben erstickt. Der beste Koch ist immer der, der seine eigenen Gerichte noch genießen kann.
Khalil Gibran:
*„Wenn du das Ende dessen erreichst,
was du wissen musst,
dann bist du am Anfang dessen,
was du fühlen musst."* ("Sand and Foam", S. 29)

Carlos Castaneda:
*„Ich mache mir keine Gedanken mehr –
damit ich sehen kann."* (The Nagual Mantra")

Yasutani-Roshi:
„Das Denken ist eine Krankheit des menschlichen Geistes."

Na ja, fast.

5. MUMBAY, BANGALORE, TOKIO, LONDON

Warum finden wir es so erholsam, einen Berg anzusehen? Weil wir den Anblick genießen, weil es schön ist, weil es anders ist. Weil uns die bergige Landschaft plötzlich herausholt aus dem langweiligen, abgenutzten Umfeld unseres täglichen Lebens und uns mitten in die saubere Luft, den weiten Himmel, die grünen Hänge und die rauen Gipfel hinein versetzt, weil sie uns etwas Neues bietet, Frische, reiche Farben und scharfe Konturen. Warum finden wir es erholsam, auf das Meer zu schauen, wenn wir uns auf einem langen und ebenen Strand vor dem unendlichen Blau befinden oder uns über die Felsspitzen nackter Klippen lehnen, unter denen mit lautem Getöse der weiße Schaum gegen die unnachgiebigen Felsen schlägt? Weil wir in den Bann gezogen werden von dem vergessenen Schauspiel der jungfräulichen Natur mit ihren unendlichen Weiten, ihren tanzenden Lichtern, ihrer unerschöpflichen Schönheit vor einem nicht enden wollenden Horizont. Das ist es, warum wir es so erholsam finden, auf das Meer hinauszuschauen, die Bergluft zu atmen, über Felder zu laufen, uns zwischen Bäumen und Büschen und Bächen und Vögeln zu verlieren. Die Natur ist der beste Zufluchtsort, um inmitten der Spannungen der heutigen Welt Ruhe zu finden, denn die Natur ist immer noch ganz, ist immer noch ursprünglich, ist immer noch anders und ist immer noch die Mutter. Wir alle wissen das und wann immer wir können, suchen wir mit kindlicher Dankbarkeit voller Vertrauen Zuflucht bei ihr. „Raus aus der Stadt" - das ist für den Stadtbewohner die beste Erholung.

All das ist richtig, aber es gibt etwas in diesem Verhalten, das tiefer geht und auf das es sich einzugehen lohnt. Es ist ganz einfach: wir entspannen uns, wenn wir die Berge sehen, weil wir sie, elementar und primär, „sehend wahrnehmen". Wir ruhen uns innerlich aus und werden still, wenn wir das Meer sehen, einfach deshalb, weil wir es „sehen". Andererseits ermüdet uns die Stadt, da wir aufgehört haben, sie zu „sehen". Denn durch unser Kommen und Gehen von immer demselben Ort zu immer demselben anderen Ort, jeden Morgen und jeden Abend, haben wir aufgehört, sie zu sehen, sie zu fühlen, wahrzunehmen, uns von ihren Formen und Farben beeindrucken zu lassen. Dadurch wurden unsere Sinne träge, stumpf und betäubt. Durch die Wandlung der Sinneswahrnehmungen in eine feindselige Routine gewannen unsere Überlegungen, Vorstellungen, Ängste und Sorgen die Oberhand und haben die ermüdende Mühle sich wiederholender Gedanken wieder in Gang gesetzt. So ergeht es uns.

Es stimmt, dass die Schönheit der Berge und das Neue daran uns helfen, sie wahrzunehmen und sie folglich „zu sehen", aber das beruhigende Gefühl in uns wird nicht so sehr durch die Schönheit der Gipfel ausgelöst, sondern durch die Tatsache, dass wir sie „sehen", dass wir bewusst „hinschauen." Unsere Augen, die schon beinahe völlig die Fähigkeit verloren hatten, sich für irgend etwas zu interessieren, ermüdet vom Verkehr, dem Fernsehen, Zeitschriften und Kino, erblicken plötzlich ein neues, überraschendes und erfrischendes Schauspiel, das zum Hinsehen einlädt. Dankbar und erfreut sind unsere Augen, und plötzlich wieder ganz glücklich mit ihrer Rolle und Funktion, Augen zu sein, sehen zu können, erfüllt zu sein von einem erholsamen und segensreichen Anblick, der ihre Membranen liebkost und ihr Gewebe mit geschwisterlicher Zärtlichkeit einer liebevollen Umarmung glättet. Und so *sehen* die Augen, *spüren* die Sinne. Der Körper erwacht, der Geist beruhigt sich, die Gedanken verlangsamen sich und der ganze Organismus freut sich, dehnt sich aus, wird lebendig und ist im Einklang mit all seinem Sein. Sehen ist der Weg zum Leben.

Es stimmt natürlich, ich sage es noch mal, dass die reine Bergluft unseren Lungen gut tut, ganz im Gegensatz zu der Luftverschmutzung, die unser Inneres auffrisst, während wir hilflos vor den Ampeln auf den Straßen unserer Stadt warten. Was immer wir tun können, um unseren Atemwegen zu helfen, ihnen frische Luft zukommen zu lassen und sie vor dem Dreck in der

Luft zu schützen, sollten wir bald tun, in unserem eigenen Interesse und auch als Bürgerpflicht. Aber, und ich wiederhole mich auch hier, was uns wirklich gut tut und was uns ein gutes Gefühl vermittelt ist der Vorgang, dass wir tief atmen und uns dessen bewusst werden, dass wir das Gefühl der Luft in den Lungen spüren, uns der Natur öffnen, den Kontakt spüren; es ist das bewusste Erleben eines vitalen Prozesses in seiner ständigen Bereitschaft. Das gilt auch für Geräusche und Gerüche, für die Lippen und die Haut. Jedes Empfinden bekommt ein neues Leben, sobald es in eine neue Atmosphäre tritt. Denn das Neue aktiviert die Sinne, und die Sinne wiederum erneuern unsere Wahrnehmung und unser Verständnis des Lebens selbst. Es ist nicht die Umwelt, die uns entspannen lässt oder ermüdet, sondern die Art, wie wir sie wahrnehmen - ob mit neu erwachten Sinnen oder verschwommen durch die Routine alter Erinnerungen, was auch immer der Fall sein mag. Ich erinnere mich gut an das kleine Mädchen vom Lande, das, als es zum ersten Mal in eine Großstadt kam, buchstäblich am Fenster klebte und erfreut erklärte: „Ich könnte den ganzen Tag hier stehen und die Autos vorbeifahren sehen." Für sie war die Stadt Entspannung, sie war es leid, immer nur die Kühe ihres Dorfes zu sehen.

Der in Mumbai (vormals Bombay) lebende Gujarati-Schriftsteller Gulabdas Broker hat in einem geistreichen Aufsatz beschrieben, wie er auf einmal durch die Unterhaltung mit einem Freund dieselbe Entdeckung machte. Er schreibt:

Ich lebe am Stadtrand von Mumbai und fahre jeden Tag mit dem Auto auf derselben Straße und in der Gesellschaft derselben Menschen zu meinem Büro in der Stadtmitte, da ich das Auto mit einem Freund teile, der auch täglich denselben Weg hat.

Kürzlich verbrachte ich zwei Monate in Bangalore, und als ich zurück war, nahm ich die tägliche Routine mit meinem Freund als Begleiter im Auto wieder auf. Mit naivem

Enthusiasmus begann ich die Vorzüge Bangalores zu rühmen. „Was für eine großartige Zeit hatte ich in Bangalore - und wie sehr habe ich mich an der Schönheit der Stadt erfreut!
Welche Straßen, welche Alleen, Bäume, Gärten und Parks überall! Die Gebäude sind modern und elegant, und es ist ein Vergnügen, die Straßen entlang zu gehen, denn sie sind breit und sauber und nicht so überfüllt. Welch ein Unterschied zu Mumbai, es lässt sich einfach nicht vergleichen!"

Als mein Freund mich so reden hörte, fing er an zu lachen, und ich konnte nicht verstehen, warum. Leise begann er mir zur erklären: „Schau nach rechts, siehst du das Meer? Es begleitet uns jeden Tag auf unserem Weg mit all seiner Schönheit und Tiefe. Es gibt Menschen, die extra hierher kommen, um das Meer zu sehen, und wir sehen es jeden Tag. Vielleicht ist es aber auch gerade, weil wir es täglich sehen, dass wir es gar nicht mehr sehen? Und warte einen Moment auf das, was gleich kommt. Nichts Geringeres als „The Queen´s Necklace", Mumbais Stolz und die Freude all derer, die das Glück haben, diesen Anblick zu sehen.Sehen wir das auch noch so?

Ich kenne Bangalore, eine sehr schöne Stadt, aber Mumbai steht ihr in nichts nach. Was geschieht, ist, dass du Mumbai täglich siehst und somit aufgehört hast, es wirklich zu sehen.
Und kaum bist du besuchsweise in Bangalore, da verliebst du dich in diese Stadt. Glückwunsch! Aber vergiss nicht, auch Mumbai hat viel Schönes zu bieten. Wenn du es erst wieder richtig siehst, dann wirst du dich erneut in Mumbai verlieben.

Eine großartige Lektion. Natürlich geht es nicht darum, Mumbai und Bangalore zu vergleichen, sondern sich an Mumbai zu erfreuen, wenn wir in Mumbai sind, und an Bangalore, wenn wir in Bangalore sind. Um das zu tun, müssen wir lernen zu schauen, was vor unseren Augen ist, sei es zum ersten oder zum tausendsten Male, und nie unsere Fähigkeit verlieren, zu staunen, überrascht zu sein, uns zu freuen - und ohne dabei unsere Sinne abstumpfen zu lassen. Denn die Sinne sind das Salz des Lebens. Sie sind es, die unserer Existenz Wirklichkeit verleihen, die das Leben malen und singen und tanzen. Sie machen aus Mumbai das Tor zu Indien und aus Bangalore die Gartenstadt. Gedanken klassifizieren, katalogisieren, heften ab und etikettieren, bis wir nicht länger irgend etwas als Phänomen erkennen, egal wie sehr wir uns bemühen. Gedanken lassen im Leben den Vorhang fallen und trüben unsere Existenz. Unser täglicher Weg ins Büro, immer auf derselben Route – ja, aber wir betrügen wir uns selbst, wenn wir gelangweilt das Autoradio anstellen oder ein Buch lesen, nur in dem Bemühen, der täglichen Routine zu entkommen, und ohne dass es uns je ganz gelingt. Wenn die Sinne stumpf werden, verliert unser Leben an Qualität.

Eine große Tür öffnet sich hier für uns, um unsere auf den ausgetretenen Pfaden verloren gegangene Vitalität wiederzuerlangen. Das heißt, Mumbai wieder mit offenen Augen zu sehen, wieder das bewusst zu schauen, was wir jeden Tag sehen. Unsere Augen zu öffnen, um Dinge wirklich wahrzunehmen und Kontakt herzustellen. Die Gesichter der Menschen zu sehen, die Blätter an den Bäumen, die Kurven der Straße. Offen zu sein für den Ansturm von Geräuschen und Farben, die jeden Tag neu sind, wenn wir es verstehen, sie mit wachen Sinnen aufzunehmen. Wir müssen nicht auf die Reise nach Bangalore warten, auf das Picknick auf dem Lande, auf den Urlaub am Meer. Das ist alles gut und schön und wir genießen das Besondere, das Hochgefühl, das wir zu diesen Gelegenheiten erleben, wenn wir die Fenster öffnen und die Lebensräume durchlüften. Aber diese besonderen Erlebnisse können für uns auch eine Falle sein, wenn wir erst auf den Ausflug in die Berge warten müssen, um frei zu atmen, oder auf das Meer, um die Liebkosungen des Wassers auf unserer Haut zu spüren. Unsere Wohnung in Mumbai hat auch fließend Wasser und gute Luft, und wenn wir nicht in der Lage sind, am Morgen unter der Dusche das Wasser oder die durch das offene Fenster hereinströmende Luft zu fühlen, dann bringt uns auch der lang erwartete Urlaub nichts. Jeder Tag und jeder Moment muss zu einer Sinneserfahrung werden, die uns badet, entspannt, salbt und uns genauso gut tut wie ein Sonnenbad am Sandstrand. Wir müssen versuchen, täglich in der Stadt das zu finden, was wir während der Ferien außerhalb vergeblich suchen. Wir müssen dem Körper geben, was der Körper verlangt, und das nicht ausnahmsweise in dem lang ersehnten Jahresurlaub, sondern täglich durch den freudvollen, spontanen Einsatz unserer fünf Sinne. Das ist das Geheimnis der Entspannung, der Gesundheit und eines erfüllten Lebens.

Gulabdas Broker hat noch einige Bemerkungen zu seiner „Bangalore-Erfahrung" gemacht:

> *Obwohl wir Augen haben, sind wir blind, denn wir sehen nicht die tägliche Schönheit um uns herum. Wir sind so an unsere Umgebung gewöhnt, dass wir sie als selbstverständlich erachten und sie für uns kaum mehr existiert.*
>
> *Ich habe gesehen, dass Menschen, die in den Bergen leben, in Nainital, Mussourie oder Kaschmir, anscheinend die Schönheit, die sie umgibt, nicht mehr wahrnehmen.*
>
> *Ich habe gesehen, dass Ehemänner schöner Frauen anscheinend keine Augen mehr haben für die Schönheit, die ihnen so nah ist. Ich habe bei meinem eigenen Dorf, Porbandar, einen schönen Strand gesehen, der für die meisten Dorfbewohner nur ein unnützes Stück Landschaft ist.*
>
> *Einmal sah ich dort drei Personen, Mann, Frau und Kind, die langsam über den Strand gingen, schweigend das Wasser erreichten und sich dann voll Staunen ansahen. Es waren drei Fremde.*

Ich habe gelesen, dass sich im Zentrum von Tokio, inmitten von Verkehr, Zement, Lärm und Abgasen, in einer Wohnung wie viele andere, in einem Gebäude mit Büros und Geschäften, Parkgaragen und Aufzügen, dass sich dort ein Zen Meditationszentrum befindet. Dem Leiter wurde vorgehalten, dies sei nicht der richtige Ort für Stille und Konzentration, worauf er antwortete: „Wenn sie hier nicht meditieren können, dann können sie es nirgends. Für einen Stadtmenschen ist der Ort, Meditation zu erlernen, die Stadt. Der Verkehrslärm an sich ist auch nicht störender als die Geräusche des Waldes. Alles hängt von unserer Einstellung dazu ab. Und genau das ist es, was wir hier lehren."

Eine gute und lehrreiche Antwort. Es ist einfach, sich für ein Wochenende oder einen ganzen Monat in die Abgeschiedenheit eines Ashrams oder Klosters zu begeben und dort ein Gefühl der Hingabe zu erfahren, eine innere Ruhe, eine Belebung des Geistes in der Einsamkeit der Natur, in der Stille der Landschaft, in der Gesellschaft von Bäumen, Vögeln, Blumen und Wolken, unter frommer Anleitung und in Gemeinschaft mit anderen Suchenden. All das ist sehr schön und wer immer sich die Erfahrung leisten kann, tut gut daran, es zu tun. Aber für den Stadtbewohner ist dieses Rezept ganz sicherlich unangebracht, weil es künstlich und zu schnell vergänglich ist, und deshalb für seinen Zweck nicht ideal.

Diese Art des ökologischen Seelenfriedens verschwindet, sobald das Auto auf dem Rückweg zur Stadt die Straße erreicht. Anspannung, Zwänge, Sorgen und Ängste kehren mit Macht zurück und verwandeln die gemachte Erfahrung in eine nostalgische Erinnerung, nun jedoch vermischt mit der niederschlagenden Frustration darüber, die erquickende Atmosphäre des geistigen Refugiums nicht in das tägliche Leben übertragen zu können. Ich wiederhole es noch einmal, ein Rückzug in die Abgeschiedenheit ist gut und schön, doch wichtiger ist es zu lernen, wie man mitten in Tokio meditieren oder im Zentrum von Mumbai leben kann. Die Erfahrung der Erneuerung ist nicht in einem

Wechsel der Landschaft oder in einem abgelegenen Refugium zu suchen, sondern wir selbst müssen uns ändern, indem wir die Wahrnehmungskraft unserer Sinne in ihrem ständigen Kontakt mit den Dingen unseres Alltags immer wieder erneuern. Wir müssen wach sein, auf jede Bewegung im Leben vorbereitet, auf jede Person, der wir begegnen und auf jede Situation, damit wir darauf mit wieder erwachender Freude reagieren können.

Ich weiß nicht, ob es das war, was der Mönch in der folgenden Anekdote sagen wollte, ich finde sie jedoch geistreich und erzählenswert. Ich glaube nicht, dass sein Stolz ihn zu dieser Aussage veranlasste. Es war wohl eher die Einstellung, die ich hier versucht habe zu beschreiben, dass man dort, wo man ist und wo man lebt, all das finden kann, was das Leben zu bieten hat, ohne dass man irgendwo hingehen und in mühselig konstruierten Projekten danach suchen muss, ganz gleich, wie gut diese Aufbrüche gemeint sind. Hier die Anekdote:

> *Ein Heiliger Mann der Hindus war nie aus Indien fort,*
> *wo er viele Anhänger hatte,*
> *darunter auch welche aus England.*
> *Diese englischen Schüler,*
> *in ihrem Wunsch, den Meister zu erfreuen,*
> *sagten eines Tages zu ihm:*
> *„Sir, es wäre uns ein Vergnügen,*
> *Sie mit in unser Land zu nehmen*
> *und Ihnen London zu zeigen!"*
> *Der Meister, ohne eine Miene zu verziehen, antwortete:*
> *„Ich bin London."*

Eine königliche Antwort. Man muss nach Indien kommen, um sie zu hören - und die niedergeschlagenen Gesichter der britischen Schüler sehen. Sie mussten nach Indien reisen, um London wirklich „sehen" zu lernen.

6. EINE KATZE HAT VIER BEINE

Wir müssen im Leben eine Art und Weise finden, uns durch Worte auszudrücken, auch wenn wir genau wissen, dass wir mit unseren Worten dem Reichtum unserer Gedanken oft nicht genügen können. Dabei offenbaren und verraten unsere Worte manchmal etwas von unseren Grundeinstellungen oder unsere Vorurteile zu dem Thema, um das es gerade geht. Dies tritt besonders im Zusammenspiel zwischen Seele und Körper zutage. Im Spiel der Sprache ist die Seele immer der Gewinner. Wenn mich etwas tief berührt, dann „bin ich in meiner Seele getroffen", wenn jemand Freude verbreitet, dann ist er „die Seele jeder Party", anregende Musik ist „seelenvoll", ein wirklich guter Freund, dem man sein Innerstes offenbaren will, ist „seelenverwandt", in einem Dörfchen wohnen vielleicht 3000 „Seelen" und in einer leeren Halle ist „keine Menschenseele", immer so, als ob der Körper gar nicht zählt. Unsere Sprache verrät unsere oft voreingenommene, negative Einstellung zum Körper, und seine Unterbewertung. Linguistische Ungerechtigkeit.

Es gibt jedoch eine Art zu sprechen, die noch lustiger ist, wenn wir dieses Phänomen der Art und Weise, wie wir in unserer Sprache Körper und Seele behandeln, einmal genau betrachten. Wir benutzen oft Redewendungen, ohne zu überlegen. So z.B., dass es irgendwo „eine Seele zu retten" gibt, wenn ein Schiff in Seenot ist und SOS funkt (Save our Souls), oder „ich habe eine gute körperliche Konstitution". Wir halten nicht einen Moment inne, um zu überlegen, wer diese „Person" denn eigentlich ist, die da mal einen Körper mit einer Konstitution und mal eine Seele „hat". So als wäre die Person eine separate und selbständige Einheit, die einen Körper und eine Seele „besitzt", so wie jemand das Familiengrundstück „besitzt". Es wäre korrekter zu sagen, wir „sind" Körper und Seele als ein organisches Ganzes, das ein Leben lebt. Doch unsere Sprache lässt uns gerne im Stich, wenn es darum geht, die Feinheiten unserer eigenen Existenz auszudrücken.

Dr. D.T. Suzuki, zeitgenössischer Apostel des Buddhismus im Westen, erzählte, wie erstaunt er war, als er, während er in Japan die englische Sprache erlernte, auf den einfachen Satz stieß: „Eine Katze hat vier Beine."
Er erzählte, dass er darüber lachen musste und sich amüsiert fragte, „Und wo ‚hat' sie sie? Bewahrt sie sie in einer Tasche auf, weil die ‚Beine' etwas ganz anderes sind als die ‚Katze' selbst, und diese sorgfältig verstaut werden müssen, damit sie nicht verloren gehen?
Ist es so, dass die Katze vier Beine ‚hat' so wie sie ein Kissen zum Ausruhen ‚hat' oder eine Schleife um ihren Hals?
Das verstehe ich nicht."
Es dauerte eine ganze Weile, bis ihm der Satz ganz natürlich über die Lippen kam:
„Eine Katze hat vier Beine."

Es entspricht mehr der Wahrheit zu sagen, die Katze „ist" ihre vier Beine, so wie sie ihr Körper ist - und ihre Schnurrhaare. Die Beine „sind" Teil der Katze, vertraute Glieder eines organischen Ganzen, was das ganze Tier ausmacht. Ich weiß nicht, wie man das im Japanischen ausdrückt, aber offensichtlich gibt es da einen linguistischen Unterschied, der von Bedeutung ist, wenn es jetzt nicht mehr um die Katze und ihre Beine, sondern um uns und unseren Körper gehen soll. Philosophisch gesehen wäre es schön, wenn wir ganz natürlich sagen könnten: „Ich bin mein Körper", als verbaler Ausdruck meiner Identifizierung mit meinem eigenen materiellen Aspekt, als Akzeptanz meiner eigenen physischen Realität und als Ausdruck des Respekts und der Liebe für meinen eigenen Körper; das heißt, für mich selbst als mein Körper, da ich glücklich und dankbar ein Körper *bin*, zu meinem eigenen Vorteil und in der Fülle meines Seins. Die asiatische Art und Weise, vom Körper zu sprechen, scheint eine größere Wertschätzung und eine bessere Integration des Körpers in die menschliche Person zu reflektieren, und dies ist eine äußerst willkommene und notwendige Betrachtungsweise.

Ich habe die Pressemitteilung eines bekannten internationalen Models der Modebranche gelesen, in der diese Frau über ihre Körpermaße spricht und über ihr Selbstverständnis in diesem höchst profitablen Beruf. Sie sagte: „Ich betrachte meinen Körper als mein Arbeitswerkzeug." Ich dachte: „Eine Prostituierte könnte dasselbe sagen." Sobald wir uns von unserem Körper lösen und ihn als etwas Zufälliges, Externes, Vorübergehendes und rein Funktionales ansehen, sind wir in Gefahr, ihn zu unterschätzen, ihn zu verachten, ihn zu instrumentalisieren und zu prostituieren. Damit will ich nicht sagen, dass Mannequins Prostituierte sind. Ich will nur auf die Gefahr aufmerksam machen, die das „Benutzen" des Körpers mit sich bringt, den man nur „hat", anstatt Körper zu „sein".

Diese veränderte Einstellung zum Körper macht den Unterschied deutlich zwischen einer gesunden persönlichen Konsolidierung und der traurigen Kommerzialisierung guten Aussehens und eines schönen Körpers. Mein Körper ist nicht mein Werkzeug. Mein Körper bin ich selbst. Und da ich mich jetzt selbst spüre, in meinem Gesicht, in meinem Aussehen, in meinen Gliedmaßen und in meinem Sein, gebe ich all diesen Teilen von mir mein eigenes Leben und meine Würde, meine Freude, meine Ernsthaftigkeit und meinen Stolz. Ich widme mich voll jeder Aktivität in meinem Leben, mit all meiner Verantwortlichkeit und all meiner Vitalität, in jeder Zelle meines Körpers und mit jedem Atemzug meiner Seele. Das ist Leben. Der Rest ist Handel, egal unter welcher Bezeichnung.

Mannequins lieben ihren Körper nicht, sie foltern ihn. Durch Diäten und Kosmetika, Gewichte und dem ständigen Beobachten ihrer Körpermaße. Biologische Knechtschaft durch die Anforderungen des Marktes. Sie essen nicht, was sie möchten, sie tun nicht, was sie wollen, sie kleiden sich nicht, wie sie es gern möchten. Asketische Disziplin für das Erreichen pragmatischer

Ziele. Willenskraft unter professionellem Druck. Die Diktatur des Spiegels. Die Sklaverei der Mode. Jeder hat das Recht auf seinen Beruf und das Recht, darin respektiert zu werden. Unbenommen. Aber der Rest von uns hat das Recht zu erfahren, was sich hinter dem Äußeren versteckt und wie viele Stunden für eine Fünf-Minuten-Schau erforderlich waren. Das ist umso wichtiger, da die Models lebende Vorbilder für eine ganze Generation junger Leute sind, die zu ihnen aufschauen, sie imitieren, beneiden und bewundern. Wir tun gut daran, unsere Götter zu kennen, bevor wir sie anbeten. Und es ist gut, die richtige Einstellung zu kennen, die wir zu unserem Körper haben müssen, um uns richtig um ihn zu kümmern und ihm nicht unter dem Vorwand, ihn verschönern zu wollen, in Wirklichkeit zu schaden.

Psychologen sagen, dass eine exzessive Beschäftigung mit dem Make-up Anzeichen einer partiellen Ablehnung des Körpers sein kann, besonders des Gesichtes. Denn unter dem äußeren Anschein, eine gepflegte Erscheinung abzugeben und auf unseren Körper zu achten, verstecken wir in Wirklichkeit unser Bedauern, dem herrschenden Schönheitsideal nicht entsprechen oder keine höheren Standards körperlicher Schönheit erreichen zu können. Pflege ist in Ordnung, aber ein Übermaß ist gefährlich. Ich bin kein Experte auf diesem Gebiet, aber ich bin doch mehr als einmal überrascht worden:

Da war eine junge Frau, die ich bereits seit einigen Jahren kannte. Ich sah sie nicht oft, da wir in verschiedenen Städten lebten, doch durch gelegentliche Besuche blieben wir in Kontakt.

Einmal befand ich mich gerade zu dem Zeitpunkt in der Stadt, in der sie lebte, als ein Verwandter von ihr gestorben war. Ich ging zu der Beerdigung und sie war da, aber ich erkannte sie nicht. Das Gesicht kam mir bekannt vor und ich fragte diskret, wer sie sei. Was war geschehen?

Bei anderen Gelegenheiten trug sie dickes Make-up, doch jetzt, auf der Beerdigung, war sie ohne jegliches Make-up erschienen. Ihr Gesicht war dadurch so verändert, dass ich sie nicht erkannt hatte. Und schlimmer noch, meiner Meinung nach sah sie ohne Make-up besser aus. Aber jetzt war nicht der rechte Augenblick, ihr das zu sagen.

Wieder bei einer anderen Gelegenheit kam eine Dame, die ich im Jahr zuvor kennen gelernt hatte, zum Flughafen einer bestimmten Stadt, um mich abzuholen. Auch diesmal erkannte ich die Dame nicht. Sie bemerkte es und erklärte mir die Veränderung.

Sie hatte in einem Jahr vierundvierzig Pfund abgenommen. Kein Wunder, dass ich sie nicht erkannt hatte. Ich gratulierte ihr zu ihrer Leistung. Es freut mich, wenn Menschen Gewicht verlieren wollen und dies auch schaffen, aber sie sollten uns vorwarnen, um Überraschungen zu vermeiden.

Vor Jahren sah ich eine Karikatur in dem wunderbaren Magazin „The New Yorker". Die Zeichnung stellte ein frisch vermähltes Paar dar, das gerade aus der Kirche kam. Die Braut, strahlend in ihrem weißen Kleid, warf den Hochzeitsstrauß in die Luft und rief voll Freude:„Oh, welch ein Glück. Endlich hat die Fasterei ein Ende!" Das Gesicht des Bräutigams sprach Bände.

Tatsache ist, dass das Diäthalten mit der Hochzeit normalerweise nicht vorbei ist - und auch nicht nur die Braut betrifft. Die Suche nach der Kunst des Essens ohne Gewichtszunahme ist universell und fördert die Herstellung von Diätnahrung, die Forschung, die Werbe- und Ratschlagsindustrie überall auf der Welt. Es ist wichtig, auf sein Gewicht zu achten, damit man gesund bleibt. Aber es ist traurig, wenn man so von seiner Figur beherrscht wird, dass man dafür sogar seine Gesundheit aufs Spiel setzt. An der St. Xavier´s Universität in Ahmedabad in Indien, an der ich lange gelehrt habe, konnte man sehen, wie in der fünfunddreißigminütigen Pause zwischen dem Vormittagsunterricht und den Übungsstunden am Nachmittag in den angrenzenden Straßen die Händler auftauchten und Kekse, belegte Brote, Erdnüsse und Maiskolben anboten. Sobald die Schulklingel ertönte, kamen die Jungen, und mehr noch die Mädchen, herausgerannt und stürmen auf die Händler zu. In Indien isst man normalerweise zwei Mahlzeiten am Tag, eine gegen zehn Uhr vormittags, bevor man zur Arbeit geht, und eine weitere gegen 19.00 Uhr, wenn man von der Arbeit kommt. Die Mädchen essen zuhause sehr wenig von ihrem Frühstück, um ihre Figur zu halten, aber gegen Mittag ist ihnen schlecht vor Hunger und sie rennen zu den Händlern, um ihre Mägen irgendwie mit dieser Vorspiegelung eines richtigen Essens zu täuschen. Die Klingel ertönt und die Händler verschwinden. Das Geschäft ist vorbei. Morgen kommen sie wieder. Und diese prächtigen Mädchen werden ihr Studium beenden, ihren Abschluss erhalten, ihre Schönheit aufpolieren, eine gute Partie heiraten und glücklich leben wie Prinz und Prinzessin im Märchen. Aber mir tut es leid zu sehen, wie sie an ihrem Maiskolben knabbern, anstatt das schmackhafte Essen zu genießen, das ihre Mütter ihnen zuhause bereiten. Sie lächeln mich schüchtern und errötend an, wenn ich in liebevoller Boshaftigkeit genau in dem Augenblick, in dem sie ihre hastige Mahlzeit einnehmen, zwischen ihnen durchmarschiere. Sie versuchen vergeblich ihre halb aufgegessenen Maiskolben vor mir zu verbergen, so als hätte ich sie auf frischer Tat bei etwas verbotenem ertappt. Eines der Mädchen zeigt sich mutig und bietet mir ihren Maiskolben zum Probieren an. Ich habe Mais zwar noch nie gemocht, doch ich nehme an. Wir treffen uns in der Klasse wieder. Und möge Gott euch segnen, meine lieben Mädchen, möget ihr erfolgreich sein in eurem Studium und in eurem Leben. Möget ihr einen guten Jungen finden und eine gute Familie gründen und weiterhin Mais essen, wenn ihr das möchtet, oder etwas Nahrhafteres, wenn ihr das wünscht, um ein gesundes Leben zu führen, und eure Erinnerungen an die Universität zu schätzen wissen und alle Tabus zu den Akten legen, die euch ein Leben lang heimgesucht haben. Viel Glück euch allen!

Ich habe nichts gegen Mais. Noch nicht einmal etwas gegen Diäten. Das einzige, was mich dabei interessiert, ist die Einstellung einer direkten oder indirekten Zurückweisung oder gar Ablehnung des eigenen Körpers, die sich, latent oder offen, in dieser Obsession des Diäthaltens oder Fastens offenbaren könnte. Die Autorin Libby Reid hat ein Buch mit dem provozierenden Titel geschrieben „*Do You Hate Your Buttocks More Than Nuclear War?*" (*Hassen Sie Ihren Hintern mehr als den Atomkrieg?*).

Nicht das Gesäß ist hierbei von Bedeutung, sondern der Hass. Wir können unseren Po korrigieren, ohne ihn zu hassen. Wir können, dass heißt, wir sollten sogar bestrebt sein, unseren Körper schön und gesund zu erhalten; Hauptsache, wir tun es mit Liebe, Takt und Feingefühl und nicht im Zorn und mit Wut gegen uns selbst, so als ob wir gegen einen Feind ankämpfen müssten. Wir pflegen Freundschaft und erklären keinen Krieg.

Gleich nach dem Gewicht kommt das Alter. Angst vor dem Tod, Sorge um die Gesundheit und der Drang nach körperlichen Vergnügungen haben den Jugendkult hervorgebracht - und zu altern ist heutzutage gleichbedeutend mit einer Niederlage im Leben. Hier lauert wieder diese Zurückweisung des Körpers, wie er ist. Menschen lügen, wenn sie ihr wahres Alter preisgeben sollen, wenn sie sich die Haare färben oder sich ein Facelifting machen lassen. Man kann auch sagen, sie schämen sich ihres Körpers und versuchen, die Wirklichkeit zu verstecken. Nochmals, man kann alles machen, aber mit der richtigen Einstellung. Nicht aus Ablehnung und Hass, sondern aus Liebe. Wenn wir unseren Körper nicht akzeptieren, dann tun wir uns selber weh. Hass auf den Körper ist Selbsthass. Der Mann hasst seine Glatze und die Frau ihre Falten im Gesicht. Mögen sie tun, was immer sie wollen, gegen die Glatzen und die Falten, aber niemand sollte seinen Körper für das strafen, was er ist, und dass er den Gesetzen der Natur und des Lebens unterliegt. Hass hat noch nie etwas Gutes hervorgebracht.

Bei einer Gruppenveranstaltung, an der ich einmal teilnahm, hatte der jüngste Teilnehmer eine Vollglatze. Ständig machte er Bemerkungen über seine Kahlheit. Wenn er zur Tür hereinkam, bedeckte er seinen Kopf mit der Hand, um uns, wie er sagte, vor dem Glanz seiner Glatze zu schützen. Zu seinem Geburtstag wünschte er sich einen Kamm. Wenn jemand über Billard sprach, grinste er und streichelte seinen Kopf. Dem Therapeuten, der die Gruppe leitete, fiel das auf und er sagte ihm: „Es scheint, du magst deine Glatze nicht, immer wieder machst du Bemerkungen darüber. Das bedeutet, dass du sie nicht akzeptiert hast. Du hast da ein Problem, das wir angehen müssen, wenn du als Person eine bessere Integration erreichen möchtest."

Wir alle haben unsere kahlen Stellen. Sowohl der Drang, diese zu verbergen, als auch, diese Unvollkommenheiten zur Schau zu stellen, sind parallele Extreme persönlicher Unreife. Der richtige Weg, nicht nur unseren Körper, sondern unsere gesamte Persönlichkeit positiv zu verändern verlangt, sie anzunehmen und als das zu akzeptieren, was sie sind, und mit Maß und Takt mit ihnen umzugehen. Das ist viel wichtiger, als mit Falten oder weißem Haar zu kokettieren oder dagegen anzugehen. Dr. Rita Freedman schrieb ein Buch mit dem vielsagenden Titel *Bodylove*. Es basiert auf einer Studie, an der 200 nordamerikanische Frauen teilgenommen haben. Eine der zu beantwortenden Fragen lautete: „Wenn Sie Teile Ihres Körpers ändern könnten, welche würden Sie wählen?" Diese Frage war gewissermaßen ein Eigentor, da die Autorin erwartet hatte, dass zumindest einige antworten würden, dass sie gar nichts ändern würden und dass sie so, wie sie sind, zufrieden wären. Aber das war nicht der Fall. In ihren Worten:

Von den 200 Frauen antwortete keine, dass sie ihren Körper so lassen würde, wie er ist. Alle wollten etwas verändern. Verschiedenste Teile des Körpers wurden benannt. Was wünschten sie sich? Größere Augen, weniger Sommersprossen, längere Beine, kleinere Füße, eine bessere Hal-

tung, festere Oberschenkel, elegantere Knöchel, dickeres Haar, längere Nägel, größere Brüste. Und darüber hinaus wünschten sich alle, abzunehmen. (S. 43)

Keine wollte so bleiben wie sie ist. Natürlich ist keiner von uns perfekt, weder was den Körper, noch was die Seele angeht, aber das wird auch nicht von uns erwartet. Hier lauert wieder die Gefahr der Unterbewertung und der Ablehnung, was nicht nur unserem Körper schaden kann, sondern auch unserer Selbstachtung, was viel schwerwiegender ist. Dr. Freedman spricht ausdrücklich vom „Hass auf den Körper"-Syndrom und findet dafür einige subtile Symptome in unserem tagtäglichen Verhalten. Sie schreibt:

> *Hass auf den Körper offenbart ein Gefühl der ständigen Besorgnis und einen Mangel an Zufriedenheit mit dem eigenen Äußeren, bis hin zu Ängsten, die wegen gewisser Körperteile ausgelöst werden, und provoziert Gefühle wie Schuld und Scham wegen realer oder eingebildeter Defekte. Der Selbsthass führt zu Rückzug und Eifersucht. Er zeigt sich auf unterschiedlichste Weise.*
>
> *Lynn zum Beispiel wird jeden Morgen nervös, weil sie sich nicht entscheiden kann, welches Kleid sie anziehen soll. Lynn sagt:„Manchmal ziehe ich mich morgens fünfmal um, weil ich nicht sicher bin, welches Kleid das richtige ist. Ich werde immer nervöser und zum Schluss entscheide ich mich dann für das Kleid, das ich zuerst anprobiert habe. Tagsüber schaue ich mir ständig mein Spiegelbild an, um zu überprüfen, ob ich immer noch gut aussehe."*
>
> *Lynn ist kein außergewöhnlicher Fall. Eine meiner Patientinnen hat ihre Kreuzfahrt storniert, nachdem sie drei Tage lang vergeblich nach einem passenden Badeanzug gesucht hatte. Eine andere kann sich an einer neuen Freundschaft nicht erfreuen, denn „diese Frau sieht so gut aus, dass ich mir an ihrer Seite wie eine Null vorkomme."*

> *Eine Kollegin hat die Chance nicht wahrgenommen, in einem wichtigen Dokumentarfilm aufzutreten, weil sie sich zu alt fühlte, um noch vor der Kamera zu stehen.*
>
> *Und vielleicht haben Sie auch schon mal Ihr Äußeres als Ausrede benutzt, um nicht größere Verantwortung im Leben übernehmen zu müssen.* (S. 15)

Diese Worte der Psychiaterin bringen uns zum Nachdenken. Und sie sagt sogar etwas noch Interessanteres, und das ist, dass physische Schönheit für sich allein gar kein Garant für Zufriedenheit mit sich selbst ist. Folglich fühlen wir uns auch durch eine Verbesserung unserer äußeren Erscheinung nicht unbedingt besser und bewältigen damit auch nicht unsere Minderwertigkeitskomplexe. Eine Lösung des ästhetischen Problems ist nicht gleichbedeutend mit einer Lösung des psychologischen Problems. Das veranlasst uns zu intensiverem Nachdenken. Hier ist die Herausforderung:

> *Schöne Frauen haben dieselben Unsicherheiten wie alle anderen auch. Dies mag erstaunen, aber es gibt kaum eine Relation zwischen der echten physischen Attraktivität einer Frau (dem Fremdbild, also wie andere sie sehen) und dem Grad der eigenen Zufriedenheit mit dem Körper, dem Selbstbild.*
> *Einigen Studien zufolge besteht bei schönen Frauen dieselbe Tendenz, mit dem eigenen Aussehen unzufrieden zu sein, wie bei weniger schönen Frauen.*
> *Mehr noch, es besteht nur eine geringe Korrelation zwischen physischer Attraktivität und persönlicher Bewertung. Bei einer Studie über den jeweiligen Grad der Selbstachtung lagen die Ergebnisse schöner und weniger schöner Frauen nah beieinander. Und doch besteht eine enge Beziehung zwischen dem Körper-Image und der Selbstachtung.*

Zum einen ist das Körper-Image unabhängig von körperlichen Charakteristika. Jemand kann sich hässlich oder sogar abstoßend fühlen, obwohl er in Wirklichkeit schön ist. Jemand kann sich hübsch fühlen, obwohl andere das nicht so sehen. Wenn Lynn glaubt, sie hätte eine lange Nase, dann wird das für sie zur Realität. In allem, was mit Körper-Image zu tun hat, hat der Kopf die Oberhand.

Zweitens: Der relativ schmale Grad der Relation zwischen physischer Attraktivität und Selbstachtung bedeutet, dass eine Veränderung des äußeren Erscheinungsbildes das Selbstvertrauen verstärken kann - oder auch nicht.
Andererseits, wenn wir unser Körper-Image verbessern, dann steigt sicherlich auch unsere Selbstachtung. Hass auf den Körper führt also zu Hass auf uns selbst, wohingegen Liebe zum Körper dazu führt, dass wir uns selbst lieben. (S. 35)

Ich mag gut aussehen oder hässlich sein - und besser oder schlechter funktionieren: Der Punkt ist, dass das eine keinen direkten Einfluss auf das andere hat. Was auf mein Funktionieren Einfluss hat, ist das Image, das ich von mir selbst habe, ob ich mit meinem Körper zufrieden bin oder nicht, ganz gleich, wie andere mich sehen. Was verbessert werden muss, ist das Körper-Image, die Beziehung, die ich zu meinem eigenen Körper habe. Und wenn sich dies bessert, dann wird sich auch meine Selbstsicherheit bessern und damit mein Gefühl der Sicherheit und meine Selbstdarstellung im Leben. „Liebe zu unserem Körper heißt nicht, den perfekten Körper zu schaffen, sondern hilft uns, glücklich in einem unvollkommenen Körper zu leben."

Ein weiteres Beispiel: Sport. Ursprünglich bedeutet Sport Anerkennung des Wertes des Körpers, gesunder Übungen und disziplinierten Verhaltens. In der aktuellen professionellen Version jedoch bedeutet Sport physiologische Deformation, unbeschreibliche Spannung und brutaler Wettbewerb. Pflege des Körpers hat sich in Missbrauch des Körpers verwandelt. Der Körper ist wieder einmal ein Instrument für Weltrekorde und Multimedia-Shows. Was eigentlich die Gesundheit des Menschen fördern sollte, ist jetzt häufig die Ursache für organische Verletzungen. Athleten sind die treuesten Patienten der Traumatologen, nicht so sehr wegen der Unfälle, sondern wegen organischer Deformationen, hervorgerufen durch gewaltsame und unausgeglichene Anstrengungen. Durch Sport verbrennt man Kalorien, schwitzt man stark und atmet tief, und das ist alles äußerst willkommen. Aber unbemerkt werden physiologische Defekte der Muskeln und Knochen verstärkt, innere Organe und zarte Strukturen geschädigt. In einer Zeitungsnotiz vom 20.04.1990 in der spanischen Zeitung *ABC* war zu lesen:

> *Ana Bautista, Spaniens beste Turnerin aller Zeiten, muss sich auf Anraten der besten Ärzte wegen ernsthafter Probleme an ihren Halswirbeln vom aktiven Wettkampf zurückziehen. Sie ist sehr deprimiert, weil sie hart gearbeitet hat, um an die Spitze zu kommen, und sie wollte alles daran setzen, ihre Position zu verteidigen. Sie ist 18 Jahre alt.*

Schade um die vorzeitig beendete Karriere. Für das Auge gibt es nichts Schöneres anzusehen als rhythmische Gymnastik, mit all ihrer Eleganz, Präzision, Balance, Musik, ihrer anscheinenden Spontaneität und engelgleichen Perfektion. Aber die Geschichte hinter dem Scheinwerferlicht ist anders: hartes Üben, strenge Abstinenz, lange Zwangsarbeit, nervöse Spannung, unmögliche Standards, traumatische Exzesse, innerer Druck und gesellschaftliche Zwänge, unter allen Umständen eine olympische Medaille zu holen oder einen Rekord zu brechen. Und die Halswirbel zahlen dafür. Nach den geltenden Regeln wird ein Athlet disqualifiziert, wenn er Drogen nimmt, um seine Leistung zu steigern. Aber langes Training und professionelle Disziplin schaden dem Organismus noch mehr und sind doch ohne Einschränkung erlaubt. Es ist auch bekannt, dass einseitige Sportarten wie Tennis, Golf oder Fechten den Körper deformieren und aus dem Gleichgewicht bringen, doch scheint das niemanden zu kümmern. Dann gibt es noch unsere Wirbelsäule, unsere Gelenke, unsere Knochen und unsere Nerven, die, nachdem sie jahrelangen Missbrauch anscheinend verkraftet haben, doch eines Tages ihren Dienst versagen. Exzesse in der Jugend führen zu Beschwerden im Alter. Im „Santiniketan" von Rabindranath Tagore steht folgendes:

Weißt du, wie die Natur sich verhält,
wenn es um unsere körperliche Gesundheit geht?
Sie ist wie eine Geldverleiherin.
Du kannst von ihr alles Geld haben, das du willst,
immer und immer wieder, ohne Murren.
Sie kann warten, um sich ihr Geld wiederzuholen,
aber sie vergisst ein offenes Konto nie.
Wenn wir in unserer Jugend unsere Kraft missbrauchen
und zuviel arbeiten, zuviel leisten, zuviel kämpfen,
dann lächelt sie und leiht uns immer wieder Geld,
ohne dass uns bewusst wird, dass sie eines Tages
aufhören wird, Geld zu verleihen und stattdessen
beginnt, die Schulden einzufordern.
Der Tag kommt, und die Natur kommt unweigerlich mit
ihm und klopft an unsere Tür
mit einem schweren Knüppel in der Hand.
Dann erkennen wir plötzlich,
dass der Zinsbetrag größer ist als das Kapital,
und wir können nicht mehr zahlen.
Aber die Geldverleiherin verschwindet nie
ohne das, was ihr zusteht.

Gleich nach Sport kommt Ballett. Himmlische Show mit Musik und Tanz mit Rhythmus und Bewegung, Farbe und Licht. Wie ein Regenbogen, so bunt und rund, werden alle Fähigkeiten des Menschen wie in einer harmonischen Welt zur Schau gestellt. Obwohl - nicht ganz so harmonisch. Der Anblick der Ballettschuhe mit ihren Spitzen aus Gips, mit denen die Tänzerinnen und Tänzer anscheinend schwerelos auf Zehenspitzen über traumhafte Seen schweben, genügt, um zu erkennen, welcher Tortur die zarten Füße in ihnen ausgesetzt werden. Nureyev hatte sich seine Fußwurzelknochen nach außen stellen lassen, wodurch er seine typischen hohen Sprünge ausführen konnte, die eine ganze Ballettära zierten. Modernes Ballett hat klugerweise solche Akrobatik aufgegeben und ist näher am Boden, erdbezogen wie alle Tänze der primitiven Völker aller Zeiten. Der Tanz soll ein Tribut an den Körper sein - nicht seine Bestrafung.

Ich begann dieses Kapitel mit Dr. Suzukis Katze und will es jetzt mit einem weiteren „Katzen-Scherz" beenden, der nicht nur amüsant ist, sondern auch der perfekte „Prüfungs-Heuler". Achten Sie auf die vier „Bein" (Singular), die die Katze „hat" (wie wir bereits wissen).

Aufgabe:
Korrigieren Sie die Grammatik in diesen beiden Sätzen:
(1) Die Katze hat vier Bein.
(2) Wer das gemacht?

Lösung:
Gott das gemacht.

Das war nicht ganz die richtige Antwort, aber sie erinnert uns doch daran, dass Gott unsere Körper so gemacht hat, wie sie sind. Deshalb sollten wir sie lieben, als Sein Werk und als Sein Geschenk für uns, und auch, in einem demütigen, aber nicht falschen Gedanken, weil sie Sein Ebenbild sind, in dem Er uns geschaffen hat. „Liebe deinen Körper wie dich selbst!"

7. DIE FÜNF SINNE

Wir sprechen zwar von „den fünf Sinnen", aber das ist nur so eine Redensart. Ich glaube, sie stammt von Aristoteles, der sich seinen Lebensunterhalt damit verdiente, Dinge zu katalogisieren und Konzepte zu etikettieren. Alles recht nützlich, doch ein wenig steif, wenn wir das Lehrbuch beiseite legen und uns der Wirklichkeit zuwenden. Dasselbe trifft auf die sieben Farben des Regenbogens zu. In der Natur gibt es eine Unzahl von Farben und durch eine leichte Änderung der Wellenlänge ihrer Schwingungen ergibt sich bereits eine andere Färbung. Ein Farbenkatalog für Maler überrascht durch die Vielzahl an Farbschattierungen, Tönungen und Nuancen, die man als Laie nie vermutet hätte. Dasselbe trifft auf die sieben (wiederum sieben) Töne der Tonleiter zu, mit den Halbtönen auf zwölf, und auf noch mehr mit den Vierteltönen usw. Es ist alles eine Sache der Bequemlichkeit. Aber es ist auch gut zu wissen, was uns entgeht, wenn wir diese Listen zu sehr verkürzen. Wir haben weitaus mehr Sinne als nur die besagten fünf, und ihre Vielzahl bereichert unser Leben. Hier ist eine Szene aus den noch mehr oder weniger „unverdorbenen" Gebieten Lateinamerikas:

Ein Eingeborenenkind kommt aus der Schule zu seiner „Pahuichi" (Hütte) zurückgerannt und erzählt seiner Mutter:
„Mutti, der Lehrer an der Dorfschule da unten hat uns gesagt, die Menschen hätten fünf Sinne."
„Welch ein Unsinn, mein Sohn! Wahrscheinlich sind sie es, die nur fünf Sinne haben. Hör nicht auf sie, mein Kind, vergiss das. Sie sagen das nur, um uns zu betrügen. Denn wenn wir nur fünf Sinne hätten, dann könnten wir gar nicht leben."
(Luis Espinoza Chamalú, *Janajpacha* S. 109)

Die weise Mutter aus dem Regenwald führt die Degeneration der Weißen auf die Tatsache zurück, dass diese durch ihr Leben in der Stadt den Gebrauch, die Bedeutung und sogar die

Anzahl ihrer Sinne reduziert haben. Sie fürchtet, dass die „Schulbildung", der die Kinder des Waldes jetzt ausgesetzt sind, ein Betrug und eine Verschwörung sein könnten, um sie ihrer natürlichen Energie zu berauben und sie auf das geringe Maß an Vitalität zu reduzieren, das unglücklicherweise fast überall auf der Welt vorherrscht. Ich werde Gelegenheit haben, später noch einmal auf die erfrischende Weisheit der Eingeborenen und ihre hoffnungsvolle Botschaft für die menschliche Rasse unserer Tage zurückzukommen.

Unsere Sinne sind sehr differenziert und auf vielfältig spezialisierte Aufgaben eingerichtet, und sie reichen bis in unerforschte Gebiete hinein. Unser Sehvermögen beinhaltet einen Farbsinn, einen Sinn für Entfernungen und einen für die Wahrnehmung von Bewegung. Wir haben einen Geschmackssinn, einen Sinn für das Wahrnehmen von Hunger und auch einen für den Zustand der Sättigung, einen für Erschöpfung und für das Gegenteil, also körperliche Energie. Und schließlich haben wir neben vielen weiteren einen Sinn für Sympathie - oder Ablehnung. Sie alle bilden ein feines Netz von Empfindungen, die unser Leben unmittelbar steuern, noch bevor sich unser Kopf mit seiner Beurteilung einschaltet. Wir haben viel mehr, als wir zu haben glauben.

Aus Bequemlichkeit und vielleicht mit einem mentalen Schulterzucken vor den exzessiven Anforderungen des Lebens sagen wir einfach, wir hätten fünf Sinne.

Aber wir wissen genau, dass wir eigentlich mehr haben, und wir würden auch diese Sinne gerne erforschen und ehren.
Die „sensitiven" Menschen, denen es gelingt, eine unterirdische Wasserader aufzuspüren, folgen wahrscheinlich einem elektromagnetischen Sinn, den wir alle mehr oder weniger ausgeprägt besitzen.
Tiere, wie zum Beispiel Schmetterlinge und Wale, orientieren sich auf ihren Zugbahnen an den Magnetfeldern der Erde.

Ich wäre nicht erstaunt, wenn festgestellt würde, dass auch wir eine magnetische Wahrnehmungsfähigkeit haben, weil auch wir während einer langen Zeit in unserer Entwicklungsgeschichte nomadisierende Lebewesen waren.

Wir sind genauso phototrop wie die Pflanzen; Sonnenlicht belebt uns, und dies ist ein anderer Sinn als der des Sehens, mit dem er wenig gemeinsam hat.

Wir haben einen „Muskelsinn", der uns leitet, wenn wir Dinge heben: Wir wissen sofort, ob sie schwer, leicht, fest, hart oder weich sind, und wir können den jeweils benötigten Druck oder Widerstand berechnen.

Wir sind uns ständig der Schwerkraft bewusst, die uns sagt, wo oben und unten ist oder wie wir unseren Körper ausrichten müssen, wenn wir fallen oder klettern oder schwimmen oder uns in einem ungewöhnlichen Winkel bücken. Es scheint, als ob wir auch einen komplexen Sinn für Raum haben, den wir detaillierter erforschen müssen, jetzt, da das Zeitalter von Raumstationen und –städten und ausgedehnten Reisen in den Weltraum angebrochen ist.
    (Diane Ackerman, A Natural History of the Senses, S. 346)

Wichtig ist eigentlich nicht, die Zahl der Sinne präzise auszurechnen (aus praktischen Überlegungen bleiben wir bei den üblichen fünf), sondern den wahren Wert der gesamten sensorischen Welt zu ermessen und unsere Interaktion mit ihr, um unsere eigene Existenz zu bereichern. Ein möglicher Grund dafür, dass wir unsere Sinne unterbewerten, liegt vielleicht darin, dass wir wissen, dass es viele Tiere gibt, die ausgeprägtere und schneller reagierende Sinne besitzen als wir. Da wir anscheinend den Tieren nicht gern unterlegen sind, erklären wir die Sinne einfach zu einer Angelegenheit von geringerer Bedeutung. Wir sagen, was macht es schon aus, wenn ein Hund einen besseren Geruchssinn hat als wir, es ist doch nur rein körperlich, ohne großen Wert und eigentlich belanglos. Was wirklich zählt, das ist doch das Gehirn mit unserer Denkfähigkeit, und da stehen die Menschen an erster Stelle. Das ist unsere Ausrede. Und doch sind wir die Verlierer, wenn wir die Rolle des Geruchssinns in unserem Leben unterschätzen. Wir wissen nicht, was uns da entgeht. Diane Ackerman, die ich gerade eben zitiert habe, erzählt die Geschichte eines Parfümeurs, der von einem Auto angefahren wurde und infolge dieses Unfalls seinen Geruchssinn verloren hatte. Er verlor nicht nur seine Arbeit, sondern auch sein Leben war unwiederbringlich zerstört, da er keine Düfte oder Gerüche mehr wahrnehmen konnte. Er verlor seinen Appetit, da der Geruchssinn erforderlich ist, um die Speisen richtig schmecken zu können. Einmal zog er sich eine Lebensmittelvergiftung zu, weil ihn der fehlende Geruchssinn nicht auf den verdorbenen Zustand des Essens aufmerksam machen konnte. Ein anderes Mal wäre er beinahe ums Leben gekommen, als nämlich das Haus, in dem er sich gerade befand, zu brennen begann und er den Brandgeruch nicht riechen konnte. Er erlitt einen Nervenzusammenbruch und brachte nach sieben Jahren seinen Fall vor Gericht, das ihm eine Entschädigung zusprach. Sein ganzes Leben war durch den Verlust des Geruchssinns erheblich beeinträchtigt.

Rechtsfälle beiseite, was zählt, ist, dass wir unseren Sinnesreichtum zu schätzen wissen und uns bemühen, unsere Sinne so gut wir eben können weiter zu entwickeln angesichts der Wunderdinge, die andere Lebewesen mit ihren Sinnen bewerkstelligen. Hier sind ein paar Beispiele, nicht damit wir neidisch werden, sondern damit wir beginnen, den Reichtum der Welt, in der wir leben, zu bewundern und unsere eigenen Fähigkeiten zu vervollkommnen.

Die Tiere, deren Geruchssinn am weitesten entwickelt ist, laufen auf allen Vieren und ihre Köpfe befinden sich knapp über dem Boden, wo sich die schweren, feuchten, duftenden Geruchsmoleküle befinden. Eichhörnchen finden so ihre vor Monaten eingegrabenen Nüsse wieder.

Selbst Stunden, nachdem ein Mann einen Raum verlassen hat, nehmen Bluthunde noch seinen Geruch auf und spüren dann, selbst in einer regnerischen Nacht, den wenigen Molekülen nach, die von den Schuhsohlen an den Boden abgegeben werden, während der Mann durch unebenes Gelände läuft.
Ein männlicher Schmetterling kann den Duft eines Weibchens noch in einigen Kilometern Entfernung wahrnehmen. Und wir, groß und aufrecht gehend, sollten traurig sein, dass unser Geruchssinn im Laufe der Zeit nachgelassen hat.
Wenn wir hören, dass ein Mensch fünf Millionen Riechzellen besitzt, kommt uns das wie Verschwendung vor.
Ein Schäferhund aber besitzt 220 Millionen Zellen und kann 44 Mal besser riechen als wir. Was entgeht uns da?
Genug, um uns die stereophone Welt der Gerüche vorstellen zu können, durch die wir offensichtlich wie Schlafwandler hindurchgehen. (Diane Ackerman, ebd. S. 50)

In dem Moment, in dem wir uns aufrichteten (ein entscheidender Moment in unserer prähistorischen Entwicklung) und unser Kopf in die Höhe ragte, entfernten wir uns vom Boden, wo die Düfte und Gerüche zuhause sind, und verloren den Kontakt zu der Märchenwelt irdischer Sensationen. Der Dichter Laurie Lee beschreibt seine Kindheit, als er, wie jedes andere Kind, „auf Stiefelhöhe der Erwachsenen" lebte, und erinnert sich, wie nah er sich dem Gras, den Insekten, den Tautropfen fühlte und dass er „sogar den Duft, der von den Flügeln der Bienen in den Sträuchern ausging, wahrnehmen konnte". Nostalgisch sinniert er: „Manchmal kann ich nicht umhin, mich zu fragen, ob ein Meter nicht die ideale Größe für den Menschen wäre."

Tatsächlich ist es unsere Körpergröße, die unserem Gesichtssinn eine Vormachtstellung gegeben hat, allerdings zum Nachteil aller anderen Sinne. 70 Prozent der sensorischen Terminals in unserem Körper laufen in den Augen zusammen. Aus diesem Grund messen wir unseren anderen Sinnen weniger Bedeutung bei, so als würden sie kaum eine Rolle spielen. „Ich habe es mit meinen eigenen Augen gesehen", ist die stärkste Beteuerung der Wahrhaftigkeit. Doch auch hier hat uns die Biene einiges voraus, denn sie hat nicht weniger als 6.000 Linsen in jedem Auge - und wir nur eine.

Unsere Phantasie ist nicht groß genug, um uns eine Vorstellung von der prächtigen Vielfalt an Formen und Farben zu geben, die eine Biene sieht, wenn sie an einem Frühlings- oder Sommertag die Erde betrachtet: die Form eines jeden Pollenkorns auf dem Boden; die Poren der zarten Blätter der sprießenden Hecken; das Muster der Sonnenstrahlen auf der faltigen Rinde alter Ulmen; jeden einzelnen Wasserstrahl in dem silbrigen Gespinst einer sprudelnden Quelle. Ein ganz neues Universum, das unseren Blicken verborgen bleibt.

Ich möchte Ihnen jetzt einige kurze Geschichten erzählen, beinahe wahllos, um auf diese Weise unseren persönlichen Kontakt zu unseren Sinnen zu beleben, zumindest indem wir eine Weile über sie schmunzeln.

Von einer Gefechtsfront in einem seiner Kriege schrieb Napoleon einen berühmten und noch erhaltenen Brief an Josephine, in dem er sie bittet, vor ihrem geplanten Treffen zwei Wochen lang nicht mehr zu baden, damit er ihre natürlichen Düfte genießen könne. Keine Parfüms erlaubt!

Charles Dickens fühlte sich zeitlebens durch den Geruch des Leims, der zum Etikettieren von Gläsern benutzt wurde, deprimiert. Dieser Geruch verfolgte ihn seit seiner Kindheit, in der er diese Arbeit des Etikettenklebens lange verrichten musste, als sein Vater ihn verlassen hatte. Er fand den Geruch später unerträglich.

In einigen Supermärkten wird durch die Klimaanlage in ganz feiner Konzentration das Aroma von gebratenem Fleisch verbreitet, das Appetit anregen und die Kunden unterschwellig dazu bewegen soll, das hauseigene Restaurant zu besuchen.

Einmal, als ich vor einer Gruppe von Personen eine Rede halten wollte, kam jemand auf mich zu und gab mir, noch bevor ich zu sprechen begonnen hatte, eine Rose. Langsam und genüsslich schnupperte ich den zarten Duft der Rose. Alle Anwesenden begannen zu lächeln und ihre Gesichter bekamen ein gewisses Leuchten, so als würden sie mein Vergnügen teilen. Diese einfache Geste hatte die ganze Atmosphäre verändert und dem Treffen eine intimere und entspanntere Note gegeben. Ich brauchte keine Vorstellung mehr.

Der Tastsinn erweckt in uns Gefühle der Nähe, Zärtlichkeit und Gesundheit. Babies, die in einer liebevollen Atmosphäre mit viel Streicheln und Küssen leben, entwickeln sich schneller und besser als isoliert aufwachsende. Es gibt sogar eine Bezeichnung für eine Krankheit, die Kleinkinder aufgrund eines Mangels an zärtlicher Berührung dahinwelken lässt: „Marasmus". Es wird erzählt, dass ein Elefantenbaby sogar sterben kann, wenn es auf seinem Körper nicht mehr die beruhigende und liebkosende Berührung des Rüssels seiner Mutter spürt. Auf einem Aufkleber am Heckfenster eines Autos in einer überfüllten Stadt steht zu lesen: „Haben Sie heute schon Ihr Kind in den Arm genommen?"

Ein Kind verabschiedet sich von seiner Mutter, bevor es zu Bett geht, mit einem Gutenachtkuss. Aber heute Abend ruft es erfreut aus: „Danke, Mami, dass du mir einen Kuss gegeben hast!"
Mami ist überrascht und protestiert: „Wie meinst du das? Ich gebe dir doch jeden Abend einen Gute-Nacht-Kuss."

Aber das Kind erklärt: „Nein, Mami, ich gebe dir einen Kuss, aber nicht du mir. Heute hast du mich geküsst und ich fand das viel schöner." Moral von der Geschichte: Es ist nicht dasselbe, einen Kuss zu geben oder einen zu bekommen.

Wir berauben unsere Kinder der elterlichen Berührung und überhäufen sie stattdessen mit Teddybären, Bällen und lebensgroßen Plüschnachbildungen der jeweils neuesten Maskottchen als Ersatz für unsere Abwesenheit. Sind die Kinder dann größer, schenken wir ihnen Hunde oder Katzen, die sich in ihren Schoß kuscheln. Als meine Mutter im hohen Alter ans Bett und an den Rollstuhl gefesselt war, erlebte sie auch Phasen der Einsamkeit. Da schenkte ihr jemand, der es gut meinte, zur Gesellschaft einen Teddybären. Doch sobald sie wieder allein war, warf sie den Bären in die entfernteste Ecke des Zimmers. Ich habe ihn wortlos aufgenommen und weggelegt. Ersatz ist kein Trost.

Geübte Feinschmecker können verschiedene Sorten Fisch am Geschmack erkennen, und von den Griechen und Römern wird erzählt, dass sie sogar herausschmecken konnten, aus welchem Gewässer der Fisch jeweils kam. Als ich einmal in einem teuer aufgemachten Restaurant den Kellner fragte, um welchen Fisch es sich bei den im Menü aufgeführten „Fischvariationen" denn genau handeln würde, da antwortete er sehr zuvorkommend: „Das kann ich Ihnen leider nicht sagen, Sir, er kommt in bereits verarbeitetem Zustand." Anonymer Geschmack. Den Kartoffelchips wird Stärke beigefügt, um sie knuspriger zu machen und um das Kaugeräusch zwischen den Zähnen zu verstärken, damit das Geräusch die Geschmackswahrnehmung intensiviert. Ein Junge, dem die Speiseröhre fehlte und der nur über einen Schlauch ernährt werden konnte, wurde einmal gefragt, was er sich zu Weihnachten wünsche. Inständig antwortete er: „Einmal mit dem Mund essen!" Helen Keller wurde meist wegen ihrer Blindheit bedauert, doch sie selbst sagte, für sie sei es schlimmer, taub zu sein als blind, da sie sich dadurch isolierter fühlen würde. Einmal „hörte" sie den Tenor Caruso singen, indem sie ihre Finger auf seine Lippen und an seine Kehle legte. Alle Sinne sind wichtig und sie ergänzen einander. Hier ein Bild aus dem fernen Osten:

> *Die Teezeremonie schafft ihre eigene Atmosphäre*
> *und kombiniert alle fünf Sinne:*
> *Harmonie des Berührens (der Tasse),*
> *Harmonie des Sehens (lichtdurchlässige Vorhänge),*
> *Harmonie der Geräusche (des kochenden Wassers).*
> *Diese Harmonien werden klug mit den anderen kombiniert, bis sie diskret unsere Sensibilität wecken*
> *und unser ganzes Sein erfüllen, alle Spannungen glätten und all die Anstrengungen und Sorgen, die unseren Geist ersticken, beruhigen.*
> *Plötzlich finden wir in der Vollkommenheit unseres Friedens die perfekte Abstimmung unserer fünf Sinne*
> *und der Welt um uns herum wieder.*
> (Arnold Paul, *Zen in Japanese Tradition*, S. 226)

Ein weiterer Grund für die Geringschätzung unserer Sinne besteht darin, dass religiöse Auffassungen den körperlichen Freuden immer misstraut haben - als Wegbereiter der Sünde. Und die Sinne wurden als die Quelle solcher Freuden identifiziert und gerieten somit ebenfalls unter Verdacht und Interdiktion. Das Wort „sinnlich" kommt von „Sinn" und hat in unserer Sprache einen stark abfälligen Beigeschmack, da es auf den wollüstigen Genuss weltlicher Vergnügungen angewandt wird, anstatt auf eine gesunde und ehrliche Nähe zur Natur durch unsere natürlichen Werkzeuge und Bindeglieder, nämlich unsere Sinne. Vielleicht sollten wir lieber von „Sensualität" sprechen. Die Sinne jedenfalls sind unsere Quelle der Energie, der Vitalität und der Erneuerung, und je aktiver sie sind, desto bewusster und voller wird unser ganzes Leben.

Alle Violinspieler wissen, dass ihr Instrument mit der Zeit immer weicher klingt. Durch das häufige und gefühlvolle Spielen der Geige prägen sich die künstlerischen Erinnerungen harmonischer Vibrationen in das Holz und den Lack des Instrumentes ein und der Klang verbessert sich durch das wertvolle Erbe gelebter Erfahrungen. Eine gut gespielte Violine ist ein lebendiges Erbstück für die musikliebende Menschheit. Dies ist ein gutes Beispiel und ein Vorbild für den Umgang mit unserem Körper. Wir sollten lernen, auf unserem Körper zu „spielen" wie auf einem Musikinstrument, das durch häufigen Gebrauch immer besser wird. Lasst uns unsere Sinne für unsere persönliche Melodie so stimmen wie die Saiten einer Violine, die wir im Leben spielen. Lasst unseren Körper gut gestimmt sein, in Form, voller Inspiration für das Konzert des Lebens in dem Orchester der Menschheit. Wir lieben unsere Geige.

8. SEHEN IST BESSER ALS DENKEN

Ich habe dem Leben, das mit allen Sinnen voll in Kontakt steht, die Qualifikation „gesund" gegeben. Denn es sind die Sinne, die uns in ihrer natürlichen und spontanen Seinsweise mit der Wirklichkeit verbinden und in der Wirklichkeit verankern. Sie geben uns immer wieder dem vollen Leben zurück, sie sind uns Nahrung, sie sind uns Unterhaltung – und sie geben uns Ruhe.
Das Sehen und das Hören, das Fühlen und das Schmecken sind der große Luxus des Lebens, die fabelhaften Feste, die besten Ferien. Ein herzhaftes Gähnen, wenn uns niemand beobachtet, ein Spaziergang im Freien, nur aus Freude am Laufen, eine ausgiebige Dusche mit ihrer genussvollen Frische. Was immer unsere Sinne in ihrem normalen und angemessenen Rahmen aktiviert, fördert unsere Gesundheit und unser Wohlbefinden. Das ist leicht einzusehen, aber vielleicht haben wir uns ja noch nicht die Zeit genommen, etwas ausführlicher darüber nachzudenken, warum das so ist. Es lohnt sich, dieser Sache etwas intensiver nachzugehen.

Ob es uns passt oder nicht, die Tiere sind uns hier wieder einmal ein Vorbild. Ihr Leben ist viel gesünder als unseres, ihre Freuden direkter und unmittelbarer und auch ihr Tod einfacher und schneller als unserer. Dabei spreche ich natürlich von in Freiheit lebenden Tieren. Durch Menschen „domestizierte" Tiere haben die Komplexe ihrer Herren übernommen und imitieren und vervielfältigen bereitwillig deren Krankheiten. Ich habe gehört, dass es jetzt nicht nur Tierärzte gibt, um den Anforderungen der Tiermedizin gerecht zu werden, sondern auch Tierpsychologen, die den Haustieren helfen, mit den Depressionen und Repressionen, die sie von ihren Herren und Haltern übernommen haben, zurechtzukommen. In einer Karikatur liegt ein deprimiert dreinblickender Hund auf einer Freudschen Couch und die Bildunterschrift lautet: „Ich habe Grund anzunehmen, dass ich meinem Frauchen gegenüber einen Ödipuskomplex entwickelt habe. Mein

Herrchen hat das gemerkt und jetzt will er mich loswerden." Der Psychoanalytiker, mit Ziegenbart und einer Freudschen Brille, hört ihm aufmerksam zu und kratzt sich schweigend am Kinn. Er könnte ja ein paar stimmungsaufhellende Pillen verschreiben. Oder empfehlen, das Herrchen zu wechseln.

Die bessere Gesundheit der Tiere, unserer Brüder im Dschungel, hat seine Ursache in dem einfacheren Leben, das sie führen, ein Leben nahe der Natur, ein echtes Sinnenleben. Ich weiß, Tiere verfügen nicht über Intelligenz in unserem Sinne und es geht auch nicht darum, das Leben der Tiere zu verherrlichen oder gar ihre begrenzten Fähigkeiten den intellektuellen, emotionalen und sozialen Errungenschaften des Menschen vorzuziehen. Wir sind immer noch die Krone der Schöpfung und wir wissen das. Ich versuche nur, etwas von diesen unseren „kleineren Geschwistern" zu lernen, jetzt, da wir ein neues „ökologisches Bewusstsein" entwickeln, und unser Streben nach dem Himmel mit ihrer Nähe zur Erde zu ergänzen. Über dieses Thema sprach ich einmal zu Hochschulstudenten. Offensichtlich hatte ich mich durch meinen Enthusiasmus hinreißen lassen, denn einer der Zuhörer hob die Hand und protestierte: „Wollen Sie damit sagen, dass wir uns wie die Tiere verhalten sollen?" Ich war so engagiert in meinem Thema und in dem Moment in so guter Stimmung, dass ich vor Freude beide Hände hob und mit weit geöffneten Augen rief: „Ja!!! Das ist genau das, was ich meine. Endlich hat mich jemand verstanden." Es kam so gut rüber, dass alle im Publikum klatschten und lachten, da sie genau verstanden hatten, dass ein Leben wie die Tiere, im richtigen Sinne und in dem Zusammenhang, den ich ihn gerade erläutert hatte, alles andere als eine Beleidigung für den Menschen ist, sondern ein echtes Kompliment und eine Einstellung praktischer Weisheit - mit sofortiger Wirkung. Ich glaube aber, dass der Fragesteller trotz der positiven Reaktion des Publikums wenig überzeugt die Halle verließ. Waren wir nicht alle ein bisschen verrückt? Höchstwahrscheinlich ja.

Gehen wir ein wenig tiefer. Warum lösen viele Sinnesempfindungen in uns Ruhe aus, während das Denken uns ermüdet? Warum entspannt uns die Aktivität unserer Sinne, während die Aktivität unseres Gehirns Kopfschmerzen verursacht, als ob hinter gesundem Äußeren unausgesprochenes Leid versteckt wäre? Warum ist Fühlen „entspannend" und Denken „schmerzhaft"? Wie kommt es, dass ein Bauer, eine Mütze auf dem Kopf, auf die Frage, wann er uns kommende Woche frisches Gemüse liefern würde, antwortete: „Bringen Sie mich nicht zum Denken, sonst drückt mich meine Mütze. Ich komme dann, wenn es mir meine Füße sagen. Aber ich komme ganz sicher!" Warum wissen die Füße den rechten Zeitpunkt besser als die Mütze? Warum verhält sich der Körper in seiner Gesamtheit besser als der Kopf allein? Warum wird uns jetzt gesagt, dass viele Krankheiten, die wir als reine Angelegenheit des Körpers ansahen, in Wirklichkeit psychosomatischer Natur sind, eine andere Art zu sagen, dass sie eher von innen durch Neurosen ausgelöst werden als von außen durch Viren? Warum müssen wir im Endeffekt auf unseren Körper und unsere Sinne zurückkommen, um unsere geistige Gesundheit wiederzuerlangen, die wir auf den dornigen Pfaden eines übertriebenen Intellektualismus verloren haben? All diese Fragen haben ein und dieselbe Antwort. Und sie führen uns zu der drängenden und lebenswichtigen Wiederentdeckung unserer Sinne in unserem Leben. Das ist auch hier unser Ziel.

Fernando Pessoa, der portugiesische Verfasser unwiderstehlicher Prosa, beschreibt seine beste Eigenschaft in dem genialen Satz: „Wenn es in mir keine besseren Tugenden gibt, dann doch zumindest das ewig Neue der freien Sinneswahrnehmung." (*The Book of Disquiet*, S. 61). Ich liebe diesen Satz; er lässt die literarische Größe eines Schriftstellers erkennen, der sich von allen anderen unterscheidet. Eine echte „Sinnesempfindung" ist schon per Definition immer „frei" und als solche unschuldig, rein, spontan und „ewig neu" mit der wiedererwachten Kraft, die ihr die Vorstellungskraft des Autors verleiht. In seinen Gedanken fährt er fort:

Die heutige Morgendämmerung ist der erste Tagesanbruch der Welt. Diese rosige Farbe, die über Gelb in ein Halbweiß übergeht, hat noch nie auf diese Weise das Landhaus überzogen, mit seinen gläsernen Augen, den Fenstern, in der transparenten Stille, die ansteigt mit dem wachsenden Licht.

Diese Stunde und dieses Licht und dies, mein eigenes Sein, haben noch nie zuvor so existiert. Morgen, was auch immer kommt, wird etwas anderes sein, und was immer ich sehe, wird mit anderen Augen gesehen, neugeboren durch eine neue Sicht und erfüllt mit neuem Leben. (S. 96)

Um wie viel besser ist es zu sehen als zu denken, zu lesen als zu schreiben! Wie alles doch schmerzt, wenn wir es denken, während uns bewusst ist, dass wir es denken als spirituelle Wesen, in denen dieses zweite Entfalten unseres Bewusstseins stattfindet, wodurch wir wissen, dass wir wissen! (S. 170)

Das ist der Schlüssel: Sehen ist besser als Denken. Zu sehen, sich zu öffnen, uns von den Vibrationen des Lebens erreichen zu lassen durch unsere willkommen heißenden Augenlider, unsere Retina liebkosen und anfüllen zu lassen mit der zärtlichen Berührung und der Farbe der Morgendämmerung. Dies ist eine natürliche, einfache, offene Geste, Freund und Gastgeber all der Neuheiten, die der Tag in der Frische der neuen Morgendämmerung bringt. Und das gleiche geschieht in jedem Augenblick des Tages, denn jeder Moment ist Tagesanbruch und jeder Tag ist Frühling. Das „ewig Neue der freien Sinneswahrnehmung" befreit, erfrischt und erneuert uns in jedem Augenblick mit der unschuldigen Überraschung seiner verblüffenden Gegenwart. Sich zu öffnen bedeutet sich zu erneuern. Die Sinne zu gebrauchen heißt die Seele zu lüften. Zu empfangen heißt zu leben.

Es ist doch einfach zu verstehen, dass es leichter ist zu empfangen, als zu geben. Zum Beispiel genügt ein kleines Taschenradio, um eine Funkfrequenz zu empfangen, wohingegen eine komplette Sendestation erforderlich ist, um ein Radioprogramm auszusenden. Es ist leichter, eine Rede anzuhören, als sie halten zu müssen. Es ist leichter zu lesen, als zu schreiben. Empfang ist im wesentlichen eine passive Entgegennahme von eingehenden Inputs: Es genügt, die Augen zu öffnen, um zu sehen. Andererseits jedoch, um etwas zu geben, müssen wir unsere Bequemlichkeit abschütteln, unser Gehirn aktivieren, unsere Muskeln anspannen, uns in Gang setzen und uns schnell voller Energie an eine Arbeit machen, die uns bald ermüdet. Der Unterschied ist offensichtlich.

Und hier kommt das Prinzip, das schon seit einigen Seiten darauf wartet, endlich auf Papier erscheinen zu dürfen. Die großen Empfänger in unserem Organismus sind die Sinne als „Rezeptoren", und der große Produzent, Organisator, Geber und Rundfunksender ist unser Gehirn mit unserer Denkfähigkeit. Und deshalb müssen wir feststellen, mit dem tiefsten Respekt und der größten Wertschätzung für jedes Organ und seine jeweilige Aufgabe, dass unsere Sinne, weil sie die großen „Empfänger" sind und weil das Empfangen uns Ruhe vermittelt, sich als die beste Erholungsstätte erweisen, unser eigenes privates Fitnesscenter, unsere exklusive Sommerferienanlage. Sie entspannen uns, reinigen uns, nähren uns. Unsere Sinne sind die großen Wohltäter unserer Gesundheit, sie halten uns in Form, vermitteln „frische Luft", reinigen und entlasten uns, wenn unsere Leitungen überlastet sind vor lauter Gedanken und Problemen und Plänen und Sorgen und kurz vor dem Zusammenbrechen stehen. All diese geistigen Anstrengungen sind ja Denkprodukte des Gehirns - und Produzieren ermüdet, wie wir gesehen haben. An diesem Punkt kommen die Sinne ins Spiel und entspannen uns, wenn wir es verstehen, zu ihnen Zuflucht zu nehmen und von ihrer Hilfe zu profitieren. Durch Wiederherstellen des erforderlichen Gleichgewichts zwischen Geben und Nehmen können unsere Sinne unsere Spannungen lösen und uns unseren Seelenfrieden wiedergeben.

Vor Jahren hörte ich persönlich, wie Pater Narcisco Irala die Geschichte seiner Genesung von einem langwierigen Nervenzusammenbruch durch die Praxis bewusster Sinneswahrnehmung erzählte. Diese Erfahrung beschrieb er später in dem Buch *Brain Control*, das bis heute in vielen Auflagen erschienen ist. Nachdem er erst einen Dr. Vittoz zitiert, der ihn in der Schweiz behandelt hat und dessen Motto „Empfänglichkeit ist der Schlüssel" lautet, fährt er in seinem Buch fort:

Um bewusste Sinneswahrnehmungen zu empfangen, um etwas zu erkennen, zu bemerken, zu verstehen, das außerhalb unseres Selbst liegt, sei es eine Handlung oder ein Objekt, wird weder eine Anstrengung von uns gefordert noch irgendeine Interpretation dieser Handlung oder dieses Objekts von innen oder von außen.

Nötig ist allein ein bereitwilliger Empfang, ein spontanes Willkommen, frei von allen Gedanken oder Emotionen.
Diese Sinneswahrnehmungen, die von außen nach innen gehen und nicht durch Ablenkungen gehemmt oder durch subjektives Begründen verändert werden, beleben das Gehirn und das Nervensystem und bringen uns Freude, Ruhe und Frieden. Wir lassen die Natur arbeiten.
Die objektive Welt dringt in uns ein und bereichert uns mit all ihrem Segen.

Dazu zwei kleine Vorbehalte: Erstens: Sinne können auch missbraucht werden und die Ruhe, die sie geben können, kann sich auch in Erschöpfung verwandeln. Kein Auge kann mehr als drei Stunden vor dem Fernsehschirm aushalten. Zweitens: Wenn die intellektuelle Arbeit unseres Gehirns in einer freien und friedvollen Atmosphäre erfolgt, kann dies eine Quelle der Befriedigung und Versenkung sein. Aber die traurige Wahrheit ist leider, dass dies kaum einmal geschieht. Es sind die Sorgen und die ständigen Veränderungen, die Hektik und die Ängste, die unsere Gedanken beherrschen und sie zu einem Instrument der Beunruhigung machen, anstatt uns zu einem friedvollen Nachdenken zu führen. Wir sollten immer in allen Dingen die gebotene Verhältnismäßigkeit und Perspektive sehen. Aber innerhalb dieser vernünftigen Grenzen ist es klar, dass die Aktivitäten der Sinne, richtig verstanden, gewürdigt und ausgeübt, uns Erholung bringen, Ruhe und Gesundheit. Die Raserei unseres Gehirns hingegen, mit ihrem Eindringen in die Vergangenheit und die Zukunft und ihren Spannungen und Befürchtungen wühlt uns auf, bringt uns aus dem Gleichgewicht und ermüdet uns. Wenn wir dies erkannt haben, beginnen wir unser Leben besser zu verstehen und es besser in den Griff zu bekommen. Pater Irala bestätigt:

Wir können uns von geistiger Erschöpfung vollkommen erholen und von all den Anspannungen, die ein endlos planendes Gehirn verursacht, das außer Kontrolle geraten ist, indem wir zu reinen Empfängern unserer Sinneswahrnehmungen und anderer bewusster Handlungen werden.

Hier ist das Beispiel eines Extremfalles, bei dem der Verlust der Sensibilität der Sinne zu einem ernsthaften Risiko für unsere Gesundheit und unser Leben wird. Wir sind so sehr daran gewöhnt, dass unsere Sinne funktionieren, dass wir uns kaum vorstellen können, wie es ist, sie zu verlieren, hauptsächlich, weil uns gar nicht bewusst ist, was uns fehlen würde. Dr. Paul Brand vom bekannten St. John´s Hospital in Vellore im Süden Indiens war Lepraspezialist. Die Leprastation nahm in diesem Krankenhaus einen ganzen Flügel ein. Wie allgemein beobachtet bemerkte auch er, dass viele Patienten mit fortschreitender Krankheit ihre Finger oder Zehen soweit verlieren, bis von ihren Händen und Füssen nur noch formlose Klumpen übrig bleiben. Wie auch in den Lehrbüchern beschrieben, war er zuerst der Meinung, dass die Natur der Krankheit für diesen Angriff auf die Extremitäten verantwortlich ist, der schließlich bis zur völligen Deformation der Hände und Füße führt, was ja zu den typischen Merkmalen der Lepra gehört. Aber seine Studien vor Ort und seine eingehende Beobachtung konkreter Fälle brachten ihn zu der Schlussfolgerung, dass die Krankheit selbst nichts mit dem Verlust der Finger zu tun hat. Was die Krankheit wirklich verursacht, ist der Verlust der Sensibilität in den Fingern, da sie die Nerven angreift, die die Sinneswahrnehmung weiterleiten. Aufgrund der fehlenden Sinneswahrnehmungen in den Fingern spüren die Patienten keinen Schmerz, wenn ihre Finger zum Beispiel eine Flamme, ein glühendheißes Eisen oder eine scharfe Schneide berühren, oder wenn sie sich in einer Tür die Finger klemmen.

So erleiden die Finger Verletzungen und Verbrennungen, die sie schließlich komplett zerstören. Es genügt, alle gefährlichen Stellen abzuschirmen und Vorsichtsmaßnahmen zu ergreifen, und der Verlust von Gliedmaßen geht rapide zurück. Die Gefühllosigkeit ist also die Ursache für den Verlust der Finger und Zehen.

Gehen wir die Situation positiv an und lernen wir daraus: Sinneswahrnehmungen geben Leben; klare, lebendige und deutliche Empfindungen und Wahrnehmungen in unseren Fingern, von unserer Haut, unseren Ohren und unseren Augen beleben den ganzen Körper und machen unsere Seele lebendig. Unsere Sinneswahrnehmungen schützen uns, informieren uns, befreien uns, erschließen uns unseren Weg in dieser Welt und begleiten uns fröhlich auf unserer lebenslangen Reise. Je früher wir mit ihnen „gut´ Freund" werden, desto besser!

9. DES MENSCHEN BESTER FREUND

Mehr als 48 Jahre habe ich in Indien gelebt – und nie Cricket gespielt. Ich habe zwar einiges über dieses Spiel mit seinen langen Spielzeiten gelernt, die sich über sechs Stunden pro Tag und fünf Tage einer Woche hinziehen können, während das ganze Land lahmgelegt ist, weil viele Menschen es am Radio oder im Fernsehen verfolgen. Mehr als ein Mal habe ich während meines Mathematikunterrichtes ein eingeschmuggeltes Transistorradio konfisziert, mit dessen Hilfe ein eingeschworener Fan seine Klassenkameraden über das Spiel auf dem Laufenden halten wollte, während ich mich abmühte, das Interesse der Studenten für die subtilen Feinheiten der Differentialrechnung zu wecken. Ich weiß sogar, was „lbw", „maiden over" oder „out for a duck" bedeuten und kann ungefähr zehn Minuten lang ein mehr oder minder intelligentes Gespräch über ein Cricketspiel bestreiten - aber mehr auch nicht, denn ich habe selbst nie Cricket gespielt.

Das trifft auch auf unser Spiel der Sinne zu. Ich meine das Spiel, unsere Sinne in ihrem natürlichen Umgang mit Empfindungen und Schwingungen durch einfache, aber wertvolle Übungen zu schulen, die uns zu einem gewissen Seelenfrieden und einer ausgeglichenen Entwicklung des gesamten Organismus' verhelfen sollen. Es gibt jede Menge Literatur über Körpertraining, angefangen von Callisthenics (gr. „kalos" = schön), um schön und in Form zu bleiben, bis zu den ernsteren Abhandlungen über Yoga, Zen, Arica, Isometrics oder Tai Chi. Nach den Auslagen in den Schaufenstern der Buchläden zu urteilen, sind diese Art Bücher heute mehr denn je gefragt und einige werden bestimmt auch gelesen, wenn so viele gekauft werden. Aber lesen und danach handeln ist zweierlei. Mein Reden über den Körper und die Sinne wäre fruchtlos, wenn ich hier nicht auch einige Grundübungen für die Sinne, die ich selbst aus voller Überzeugung regelmäßig durchführe, erwähnen und empfehlen würde. Sie sind die Basis für jedwedes Trainingssystem und einfach genug, um beibehalten zu werden. Sie sind ein Weg zu besserem organischen Wohlbefinden in unserem Leben.

Erste Übung: Augen schließen

Diese Übung können Sie überall und zu jeder Zeit durchführen, in der Sie nicht auf ihre Sehfähigkeit angewiesen sind. Im Bett, im Bus, in einem Wartezimmer, aber noch viel besser zu einer Zeit, die Sie sich speziell dafür reserviert haben.
Für mich ist diese Übung das beste Mittel gegen Schlaflosigkeit, ein jederzeit wirkungsvolles Beruhigungsmittel und ein effektives Mittel, um mit der Wirklichkeit Kontakt zu halten und mich zu verankern. Durch diese kleine Übung finden wir immer wieder zu uns selbst, inmitten von allem, was an uns zerrt, ob Personen oder Umstände. Sie ist sehr einfach und durch Thérèse Bertherat in ihrem bemerkenswerten Buch *The Body has its Reasons* zusammengefasst worden, nach der ich sie zitiere: „Schließen Sie Ihre Augen. Was sehen Sie hinter Ihren Lidern? Sich bewegende Punkte? Lichter? Farben? Schauen Sie einfach hin." Ich habe zwar gesagt, die Übung ist einfach, damit meine ich aber nicht, dass sie leicht ist. Im Gegenteil, sie ist unerwartet schwer und dadurch gewinnt sie an Bedeutung. Es ist schwer, unsere Aufmerksamkeit auf die kleine Bildfläche der geschlossenen Augen zu konzentrieren. Tausend Phantasien stürmen voller Ungeduld herein und durchkreuzen die Szene und behindern die direkte Sicht auf die harmlose Bühne. Die Übung beinhaltet, genau diese kleine Landschaft unseres Körpers zu nutzen, um die nagenden Ablenkungen durch ungezügelte Gedanken zu vermeiden.

Machen Sie es sich bequem,
setzen oder legen Sie sich hin, wie es Ihnen angenehmer ist, und schließen Sie sanft Ihre Augen.

Und jetzt schauen Sie ganz einfach, was Sie sehen.
Beobachten Sie den dunklen Vorhang,

der Ihr Gesichtsfeld einnimmt.
Betrachten Sie ihn. Lassen Sie Ihre Augen darauf ruhen.
Langsam wird Ihnen bewusst,
dass er gar nicht so gleichmäßig ist,
wie es den Anschein hat.

Es gibt Lichter und Schatten,
helle Flecken und verschiedene Farbnuancen.
Schauen Sie alles ganz ruhig an,
ohne es zu deuten;
versuchen Sie nicht,
Formen oder Figuren zu erkennen,
geben Sie den sich bildenden Schatten keine Namen,
finden Sie nichts gut oder schlecht.
Sehen Sie einfach, was Sie sehen.
Wenn Gedanken kommen,
ignorieren Sie sie einfach
und wenden Sie sich wieder dem inneren Bildschirm zu
als dem einzigen Punkt Ihrer Aufmerksamkeit.

Halten Sie Ihre Augen weiterhin geschlossen
und lassen Sie Ihren Blick jetzt
sanft nach oben ... und sanft nach unten schweifen,
und richten Sie Ihre Aufmerksamkeit immer
auf das, was der kleine private Bildschirm Ihnen zeigt.
Sie werden immer mehr Einzelheiten sehen
in dem sich stets verändernden Spiel
von Lichtern und Schatten in Ihrem Fenster.
Bewegen Sie die Augen jetzt waagerecht
- sie sind immer noch geschlossen -
von links nach rechts und von rechts nach links.
Immer sehr langsam und sehen Sie, was Sie sehen.
Verbannen Sie höflich aber bestimmt
jegliche Gedanken, Beurteilungen,
Erinnerungen oder Phantasien,
die unweigerlich auftauchen werden.

Nur Sie und der kleine, verdunkelte Bildschirm.

Bewegen Sie jetzt Ihre immer noch geschlossenen Augen
im Uhrzeigersinn im Kreis,
am Rande Ihres kleinen Bildschirms entlang.
Die Abwechslung in der Bewegung hilft,
hartnäckige Gedanken zurückzuweisen,
die immer und immer wieder auf der Bühne auftauchen.
Gehen Sie jetzt entgegen dem Uhrzeigersinn vor.

Zum Schluss können Sie Ihre Augen völlig frei
und so, wie es ihnen gefällt,
das gesamte Feld durchstreifen lassen,
das ihnen jetzt durch ihre beruhigende
und private Erkundung vertraut ist.
Lassen Sie jetzt Ihren Blick sanft
auf dem Mittelpunkt des Feldes ruhen
und öffnen Sie Ihre Augen.

Für diese Übung benötigen Sie eine Zeitspanne irgendwo zwischen fünf und dreißig Minuten. Sie kann morgens zu einer festgesetzten Zeit durchgeführt und zu bestimmten Zeiten während des Tages wiederholt werden, bis sie zu einem engen und vertrauten Gefährten geworden ist, der uns an ihren praktischen Wert und ihre Ausübung erinnert. In ihrer elementaren Einfachheit birgt sie ein enorm wichtiges Element, das, wie ich hoffe, nicht unbemerkt blieb: Die Übung hilft uns, unseren Geist zu beruhigen. Für eine kurze Weile bremst sie alle Angriffe unserer Vorstellungskraft, widersteht unserer Vernunft, die gegen die scheinbare Zeitverschwendung protestiert, bringt dem ganzen Körper Frieden und reinigt die Kanäle unseres Gehirns und die Nerven von den Anspannungen, die sich durch ihre unablässige Aktivität ansammeln. Unsere Augen, die uns so sehr helfen, indem sie uns auf den äußeren Pfaden unseres Lebens leiten, helfen uns noch mehr, wenn sie sich freiwillig schließen und uns beim Entschlüsseln der Botschaft der inneren Besinnung unterstützen, die unserem ganzen Sein Frieden und Ganzheit bringt. Gesegnet sind die, die es verstehen, ihre Augen zu schließen, denn sie werden sich selbst sehen können!

Zweite Übung: Augen geöffnet

Jetzt lernen wir zu sehen, was wir beim normalen Sehen sehen, wenn wir uns nicht nur auf einen Punkt konzentrieren und den ganzen Horizont ausschließen, sondern im Gegenteil, alles unsere Augen erreichen lassen, das von nah und fern in den täglichen Landschaften des Lebens um uns herum auftaucht, ohne das konkrete Objekt unserer unmittelbaren Aufmerksamkeit zu vergessen. Wir benutzen unsere Augen nicht richtig, wenn wir sie nur auf das eigentliche Ziel richten und den großen Kreis der begleitenden und umgebenden Realität außer Acht lassen. Wir wollen jetzt dieses Phänomen einmal umdrehen und unseren Blick bewusst erweitern. Ich zitiere aus den Gesprächen von Carlos Castaneda mit Don Juan:

Zu Beginn unserer Bekanntschaft hatte Don Juan vorgeschlagen: Lange Strecken laufen,
ohne die Augen auf irgendetwas zu konzentrieren.
Seine Empfehlung war,
nichts direkt anzusehen,
sondern durch eine leichte Schielstellung der Augen
eine periphere Sicht von allem zu erhalten,
das sich dem Auge bietet.

Er hatte behauptet, nur
damals verstand ich es noch nicht, dass,
wenn man seine nicht fokussierten Augen
auf einen Punkt knapp über dem Horizont hält,
es möglich sei, alles auf einmal wahrzunehmen,
das sich in einem Radius von fast 180 Grad
vor den Augen befindet.

*Er versicherte mir,
diese Übung sei der einzige Weg,
den inneren Monolog abzustellen.
Er erkundigte sich nach meinen Fortschritten
und hörte dann eines Tages damit auf.
Ich berichtete Don Juan, dass ich
zehn Jahre lang diese Technik angewandt hatte,
doch ohne irgendeine Veränderung zu bemerken,
die ich ohnehin nicht erwartet hatte.*

*Eines Tages jedoch
erkannte ich urplötzlich,
dass ich soeben zehn Minuten gelaufen war,
ohne ein einziges Wort in mir selbst zu sprechen.
Ich berichtete Don Juan, dass ich mir bei der Gelegenheit
auch bewusst wurde, dass
das Stoppen des inneren Monologs mehr bedeutete
als nur das Zurückhalten von Worten an mich selbst.
Mein ganzer Denkprozess
hatte aufgehört und ich fühlte
mich praktisch schwebend, treibend.*

*„Ich hatte dir ja gesagt, dass es der innere Monolog ist,
der uns zermürbt", sagte Don Juan.
„Die Welt ist so und so - oder so und so,
weil wir uns sagen, dass sie so und so - oder so und so ist.
(Unsere Vorstellung von der Welt zu ändern,
das ist die Zauberformel.)
Und ein Anhalten dieses inneren Monologs
ist der einzige Weg, um frei zu sein.
Der Rest ist leeres Zeug."*

(Tales of Power, S. 13)

Im Wesentlichen ist diese Übung unsere Grundübung: genau zu sehen, wahrzunehmen, was wir sehen. Der bemerkenswerte Punkt hierbei ist die enge Verbindung, die zwischen einem einfachen unschuldigen Hinschauen und dem wichtigen Prozess des „Anhaltens des inneren Monologs", des „Beruhigens der Gedanken" oder des „Freimachens des Geistes" hergestellt wird - das offene Geheimnis, nach dem wir streben. Diese einfachen Übungen bringen uns diesem Geheimnis näher, fast in greifbare Nähe. Darin besteht ihre lebenswichtige Bedeutung.

Dritte Übung: Hören

Um diese Übung zu beschreiben, genügt es zu sagen, dass sie das Gegenteil von einem Walkman ist. Ich liebe die Musik und verpasse nie eine Gelegenheit, um ein klassisches Konzert zu besuchen oder in privater Atmosphäre intensiv einer CD zu lauschen. Ich respektiere und verstehe Musik jeglicher Richtung und all ihre jeweiligen unkritischen und fanatischen Fans. All das ist in Ordnung, doch jedes zu seiner Zeit. Wenn die Musik in meinen Kopfhörern mich daran hindert, die Geräusche des Lebens wahrzunehmen, mein Hören zensiert, mich von der Umwelt isoliert und mich sogar der Gefahr aussetzt, mit einem anderen Fußgänger zusammenzustoßen, da ich die Signale nicht mehr höre, die die Bewegungen der Massen steuern, dann tue ich gut daran, die Batterien des Walkman zu schonen und meine Lieblingskassette zu einem anderen, passenderen Zeitpunkt zu hören.

Der Grundgedanke, der, wie ich vermute, uns jetzt vertraut ist, lautet: wirklich zu hören, was wir hören; Kontakt mit der Gegenwart, Öffnen der Sinne, Willkommenheißen der Geräusche, Akzeptieren der sonoren Realität, wie dissonant sie auch immer sein mag, ohne zu beurteilen, ohne zu verdammen, ohne sich zu ärgern oder vergeblich gegen den allgegenwärtigen Angriff der Schallwellen zu protestieren. Damit will ich nicht sagen, dass jemand, der dazu in der Lage ist, nicht sein Möglichstes tun sollte, um Lärm gesetzlich zu regeln und auf Einhaltung der Gesetze zu achten und die Mitbürger über die Gefahren, die mit Dezibel und Lautsprechern, mit Auspuffrohren, Feuerwerk und Lärmsmog generell verbunden sind, aufzuklären. Unsere Trommelfelle werden dafür dankbar sein. Ich spreche von der aktuellen Situation, wie sie sich uns in dieser Zeit darstellt, während wir auf die Kultur der Stille warten, und ich möchte noch einmal sagen, dass wir natürlich, wo immer wir können, versuchen müssen, Dinge zu verbessern, aber vor allem müssen wir die unveränderlichen Fakten akzeptieren und unseren Frieden mit ihnen machen.

Noch einmal: Unser Bestreben ist es, wirklich zu hören, was wir hören - in Frieden und Ruhe - während wir gehen, arbeiten und unterwegs sind, ohne die Geräusche in „gut" und „böse" einzuteilen, ohne Schrecken oder Frohlocken. Statt dessen lassen wir einfach nur die Schallwellen passieren, die uns erreichen, die in unsere Ohren eindringen, in unseren Köpfen widerhallen, sich in unserem Körper mit den lebendigen Schwingungen ihrer lauten Präsenz ausbreiten. Das Ziel besteht in nichts Geringerem als darin, die gefürchteten Folterer unserer Nerven umzuwandeln in Boten des körperlichen Friedens. Das ist machbar. Ich zitiere Pater Narcisco Irala mit einer praktischen Beschreibung dieser Übung:

> *Lass die Schallwellen dich durchdringen*
> *in all ihrer Natürlichkeit und Friedfertigkeit,*
> *ohne nach ihrem Ursprung zu fragen*
> *oder ihrem Grund und ihrem Sinn.*
> *Sei einfach ein Empfänger des Geräusches*
> *und heiße es mit Würde und Haltung willkommen.*
> *Analysiere nicht, urteile nicht,*
> *denk nicht an den störenden Lastwagen*
> *oder die rücksichtslose Person*
> *oder das plötzliche Ereignis,*
> *Verursacher des Geräusches.*
> *Der Punkt ist, völlig entspannt zu sein,*
> *deinen Ohren zu trauen*
> *und geduldig das Geräusch zu erwarten.*
> *Die äußere Welt sollte uns erreichen können,*
> *ohne dass wir angespannt darauf lauern.*

*An dem Tag, an dem du dich daran gewöhnt hast,
alle äußeren Geräusche an dich heranzulassen
ohne zu versuchen, dich dagegen zu wehren,
wenn du deine defensiven Gefühle aufgegeben hast
und alle Laute nur als „Empfänger" akzeptierst,
dann wirst du erkennen, dass es in der Tat
nur wenige Geräusche gibt, die
dich wirklich belästigen können.*

Ich nutze die Gelegenheit, um noch einmal zu wiederholen, was ich generell über all unsere Sinne gesagt habe: dass es nämlich nicht darum geht, angenehme Empfindungen zu pflegen und unangenehme abzulehnen. Obwohl ich auch wiederholt sagen muss, dass, soweit es in unserer Macht steht, wir gut daran tun, den angenehmen Empfindungen den Vorzug zu geben. Doch es kommt darauf an, unseren Sinnen in jeder Situation und zu jeder Zeit die Initiative zurückzugeben, die gesunde Reaktion, ihr Recht, jederzeit frei zu handeln, die Welt der Empfindungen zu öffnen, die uns durch sie erreicht, die uns lebendig macht und uns in Schwung oder auch zur Ruhe bringt, indem sie uns müde Wesen wohlweislich von der erschöpfenden Tyrannei eines unterjochenden Geistes befreit. Lasst uns in den uns umgebenden Schallwellen „baden" so als würden wir sanft auf den erfrischenden Wellen des Meeres treiben – eine wichtige Lektion für uns, die wir in der Zivilisation des Lärms leben.

Vierte Übung: Riechen

Unsere Nase ist bekanntlich unser Riechorgan und das, was wir hinsichtlich der Farbe und der Geräusche gesagt haben, kann auch auf den Geruchssinn in all seinen Variationen angewandt werden. Auch können wir auch hier ähnliche Übungen erfolgreich durchführen. Unsere Nase ist jedoch auch das privilegierte Organ unserer Atmung. Das Atmen spielt eine derart wichtige Rolle im Leben unseres Körpers und in allen Gesundheits- und Gebetsratschlägen des Ostens, dass es besondere Aufmerksamkeit verdient. Noch einmal: Es geht nicht darum, Gerüche auszuwählen und auch nicht darum, unsere Atmung zu verbessern, was ohne Zweifel äußerst nützlich wäre, aber das ist hier nicht der Punkt. Ich möchte verschiedene Themen nicht miteinander vermischen, ganz im Gegenteil, ich möchte ein einheitliches Vorgehen vorschlagen, das uns helfen kann, die Theorie und Praxis dieser Übungen, die uns so gut tun können, verständlich zu machen und zu bestätigen.

Wie schon gesagt, geht es hier nicht darum, unsere Atmung zu verbessern, sondern sie wahrzunehmen, sie zu erkennen und sie auf ihrer Reise durch unseren Körper zu begleiten, wie wir das mit den Wahrnehmungen unserer Augen und Ohren tun. Den Eintritt der Luft am Rande unserer Nasenflügel wahrzunehmen, zu fühlen, wie unsere Nase zum Leben erwacht, wie sich unsere Kehle ausdehnt und die lebensspendenden Partikel sich ruhig und effizient durch die winzigen Netze unseres auf Sauerstoff wartenden Organismus' ausbreiten. Und dann ändern wir die Richtung und verabschieden dankbar die Luft, die uns auf demselben Weg verlässt, auf dem sie kam. Wir nehmen wahr, wie sie auf ihrem Wege alle Luftöffnungen reinigt und unsere Grüße an die Außenwelt mit sich nimmt. Ich zitiere dazu den Meister S.N. Goenka:

Durch die Ausübung der bewussten Atmung
üben wir die vier von Buddha als richtig
beschriebenen Ziele: verhüte schlechte Zustände,
entledige dich ihrer, wenn sie auftreten,
schaffe gesunde Zustände
und behalte sie bei.
Wir setzen uns hin und richten unsere Aufmerksamkeit
auf den Atem
ohne störende Gedanken.
Indem wir dies tun, initiieren und erhalten wir

*den gesunden Zustand des Bewusstseins unseres Selbst.
Wir hindern uns daran,
abgelenkt oder geistesabwesend zu sein
oder den Kontakt zur Realität zu verlieren.
Wenn ein Gedanke auftaucht, verfolgen wir ihn nicht,
sondern lenken unsere Aufmerksamkeit wieder auf den
 Atem.
Das Konzentrieren auf die Atmung
lässt uns den gegenwärtigen Augenblick bewusst wahrnehmen.*

*Wir können damit beginnen, indem wir absichtsvoll atmen,
etwas kräftiger, um unsere
Aufmerksamkeit besser darauf zu konzentrieren.
Sobald wir uns der Atmung
voll und klar bewusst sind,
können wir wieder zu unserer natürlichen Atmung
 übergehen,
kräftig oder sanft, tief oder flach,
lang oder kurz, schnell oder langsam.
Wir bemühen uns nicht, unsere Atmung zu regulieren,
wir bemühen uns nur, uns ihrer bewusst zu sein.*

*In dem Moment, in dem der Geist
voll auf die Atmung konzentriert ist,
ist er frei von Verlangen, frei von Aversion
und frei von Ignoranz.
Wie kurz dieser Moment der Reinheit auch sein mag,
er ist sehr kraftvoll, denn er greift die
Konditionierungen der Vergangenheit an.
Wenn wir bewusstes Atmen üben,
beginnen wir, unseren Geist zu reinigen
und uns zu befreien.*
     (S.N. Goenka, *Vipassana Meditation* S. 74)

S.N. Goenkas eigener Meister, Sayagyi U Ba Kihn, hat die Wichtigkeit dieser Übung, welche die erste und unentbehrliche Stufe seines bekannten Systems des spirituellen Trainings ist, in folgendem berühmten Ausspruch mit einem Schuss Humor zusammengefasst: „Die Nase ist des Menschen bester Freund." Wenn man lernt zu atmen, lernt man zu leben - und das nicht nur wegen des Sauerstoffs.

Fünfte Übung: Schmecken

„Der Mund ist das Tor des Körpers, die Halle, in der wir die Welt willkommen heißen, der Thron, auf dem alle wichtigen Verhandlungen stattfinden." (Diane Ackerman, S. 173). Vortrefflich ausgepolstert, leicht geöffnet, geschmückt mit dem Rot der Könige und dem Weiß des marmornen Luxus, beherbergt er das Organ des menschlichen Körpers, das an Empfindungen, Mobilität und Vielseitigkeit unübertroffen ist: unsere Zunge. Und genau deshalb, weil sie so viele Nervenendpunkte aufweist, so viele verschiedene Zellen, soviel Mobilität und so viele Funktionen, nimmt die Zunge eine herausragende Stellung ein, wenn es darum geht, unsere Sinne zu zügeln und Frieden zu erlangen. Man kann sagen, dass eine völlige Entspannung der Zunge genügt, um jegliche nervösen Anspannungen, die uns erfassen, auszugleichen; ein vergessener Schlüssel zu unserem körperlichen Wohlbefinden. Ich entnehme diese Übung dem von Robert Masters und Jean Houston geschriebenen Buch *Listening to the Body*, Verlag Dell Publishing Co., New York 1978 (S. 138 ff.).

Eine von ungewöhnlichen Anspannungen völlig freie Zunge
liegt entspannt in der Mundhöhle,
ihre Spitze berührt sanft die
Rückseite der Zähne.
Erforschen Sie Ihre Zunge,
die gesamte Oberfläche, so weit Sie können.
Erspüren Sie ihre Lage in Beziehung zum Gaumen

und dem Boden Ihres Mundes.
Berührt sie Ihre Zähne vorne?
Mehr in der Mitte
oder näher zu der linken Wange
oder zu der rechten?
Erspüren Sie die Zungengrund, den Rücken,
wie breit ist sie, wie lang, wie dick?
Spüren Sie nach, ob Sie irgendeine Spannung darin bemerken,
die sich während ihrer Untersuchung verändert.
Wird sie breiter oder größer?
Sind Sie sich Ihrer Mundhöhle bewusster,
jetzt, da Sie sich auf Ihre Zunge konzentrieren?

Fahren sie jetzt mit Ihrer Zungenspitze
einige Male die Rückseite ihrer
unteren Zähne entlang.
Gehen Sie so weit von links nach rechts
und von rechts nach links wie möglich.
Und dann fahren Sie, nur für einen Moment,
über die Oberkante Ihrer unteren Zähne.
Dann über die Schneidkanten der oberen Zähne
und die Rückseite der oberen Zähne; so weit nach links
und so weit nach rechts, wie es Ihnen möglich ist.

Fahren Sie als nächstes
mit der Zunge über die Vorderseite der oberen Zähne,
zwischen den Zähnen und der Oberlippe,
gehen Sie so weit von links nach rechts wie Sie können.
Machen Sie dasselbe mit den unteren Zähnen,
fahren Sie mit der Zunge
zwischen die Zähne und die Unterlippe.
Pressen Sie jetzt Ihre Zunge gegen den Gaumen.
Entspannen, loslassen, ausruhen.
Seien Sie sich Ihrer Zunge weiterhin deutlich bewusst
und nehmen Sie sich vor, sich an das zu erinnern,
was Sie jetzt fühlen.

Unsere Zunge ist unser Geschmackssinn und unser Sprachorgan. In unserem überfüllten Dasein gestatten wir ihr nur wenig Ruhe. Darum ist sie dankbar für die ihr aufrichtig entgegengebrachte Aufmerksamkeit und freut sich, entspannen zu können, während sie in ihrer weichen und biegsamen Beschaffenheit der Erinnerung an die unzähligen Reize nachhängt, die unseren Gaumen gestreichelt haben, und an die Stimmen ohne Zahl und Maß, die in unserer Kehle erklungen sind - lebendige Autobiographie intimer Erinnerungen. Wenn sich unsere Zunge ausruht, dann ruht auch alles, was wir ihr in der Vergangenheit eingeritzt haben. Es ist schön zu spüren, wie unsere Zunge eine Weile im Mund liegt, ohne angespannt auf den nächsten Einsatz zum Schmecken oder Sprechen zu warten; wohlverdienter Urlaub.

Sechste Übung: Berühren

Der Tastsinn ist ein universeller Sinn. Er umfasst uns ganz, außen und innen. Er schützt, fühlt, warnt, identifiziert, balanciert, bringt näher, verbindet, erzählt. Er ist ein dankbarer Sinn. Er ist gut für den, der ihn nutzt und den, der ihn empfängt. Er ist vereinigend, Frieden stiftend, ausgleichend in der Bewegung und in Ruhe, in Gesamtheit und im Detail. Er lässt uns die Botschaften der uns umgebenden Schwingungen aufnehmen, und gleichzeitig macht er uns die lebendigen Prozesse in unseren inneren Sphären bewusst. Sein zartes Geflecht reicht bis in die letzte Faser unserer Gliedmaßen, und dort werden die wertvollen Informationen, die unsere Lebensreaktionen bestimmen, gesammelt und verarbeitet. Für eine intakte Gesundheit ist es unerlässlich, den Tastsinn wieder in unser Leben zu integrieren.

Sorgen Sie dafür, dass Sie sich in der von Ihnen eingenommenen Haltung wohl fühlen.
Werden Sie locker, entspannen Sie die Muskeln, atmen Sie ruhig, strecken Sie Ihre Gelenke.

*Schließen Sie Ihre Augen,
damit Sie sich besser konzentrieren können
und verharren Sie bewegungslos still.
Richten Sie jetzt Ihre Aufmerksamkeit
auf Ihre Schädeldecke.
Fühlen Sie das Vorhandensein der Haut
dort am Scheitelpunkt Ihres eigenen Körpers,
an der Stelle der Fontanelle Ihres Schädels.
Lassen Sie dann Ihre Aufmerksamkeit
langsam herabgleiten,
während Sie in Gedanken die
Haut auf Ihrem Kopf streicheln,
Ihre Stirn, Augenbrauen und Augenlider,
Nase und Lippen, Ohren und Wangen, Kinn und Hals.
Ein zärtliches, sanftes, geruhsames Gefühl
auf jeder Stelle Ihrer Haut,
auf jedem Fleck, jedem Winkel, jeder Beuge.*

*Immer sehr langsam, sanft nach unten
und wieder nach oben durch die gesamte
erwartungsfrohe Anatomie
und wieder nach unten,
an den Beinen und Füssen entlang,
bis zu der äußersten Grenze,
den geduldig wartenden Zehen.
Sorgfältige Inventur lebendiger Konturen
durch ungeteilte Aufmerksamkeit und
in bewegungsloser Positur.*

*Und nun den ganzen Weg wieder zurück -
diesmal allerdings nicht außen, sondern innen.
Bleiben Sie in derselben Haltung,
ändern Sie sie nicht, bewegen Sie sich nicht.
Lenken Sie jetzt Ihre Aufmerksamkeit
von Ihren Zehen, wo sie war,
langsam nach oben und innen*

durch das Innere Ihres Körpers.
Muskeln und Nerven, Organe und Drüsen
haben ihre eigene Oberflächenstruktur,
ihren Puls, ihr Leben, ihre Stille -
was Sie bemerken werden, wenn Sie
durch das verborgene Gewebe
von Zelle zu Zelle klettern.
Spüren Sie Ihren eigenen Körper von innen,
Schritt für Schritt, Stufe für Stufe
bis Sie wieder Ihren Kopf und Ihr Gehirn
erreicht haben und Sie Ihre taktile Reise
sanft dort beenden, wo Sie begonnen hat.
Der König hat seinen königlichen Spaziergang
durch seinen eigenen Palast beendet.

Diese einfache Übung, wenn auch ausführlicher und rigoroser, ist die Essenz der zu Recht gefeierten „Vipassana"-Meditation des Meisters Goenka, den ich bereits zuvor zitiert habe. Er ließ uns ohne Unterbrechung vier Stunden lang diese mentale Reise durchführen, zwei Stunden körperabwärts und zwei Stunden körperaufwärts. Mit gekreuzten Beinen auf hartem Boden sitzend, ohne Stütze für den Rücken, mit gerade aufgerichteter Wirbelsäule, geschlossenen Augen und mit der rechten Hand über der linken wanderten wir im Geiste mit heroischer Langsamkeit durch unseren geduldigen Körper, geleitet von der Stimme und dem Beispiel des erleuchteten Meisters, in der großen weißen Halle voller Menschen, die auf das Erwachen ihrer Seele hofften. Am Ende des Tages durften wir ihn jeweils zu viert kurz konsultieren. Ich bemerkte einfach: „Mein ganzer Körper schmerzt." Er lächelte zufrieden und sagte: „Glückwunsch! Das ist ein gutes Zeichen. Weiter so." Und er gab mir seinen Segen. Ich hielt die ganzen zehn Tage durch, die der Kursus dauerte. Ich werde nie meinen Aufenthalt in dem Dammanagar in Igatpuri vergessen. Er gab mir etwas, woran ich mein Leben lang arbeiten werde. Und ich kenne Menschen, deren Leben sich durch diese Erfahrung verändert hat.

Das Wesentliche für mich besteht darin, eine gewisse Vertrautheit mit diesen fünf Übungen zu gewinnen. (Es sind eigentlich fünf, wenn ich sie auch von eins bis sechs beziffert habe, denn die zwei Übungen der Augen, geschlossen oder offen, je nachdem, sind in Wirklichkeit nur eine.) Ich möchte so geschickt in ihrer Durchführung werden, bis sie mir quasi zur zweiten Natur geworden sind. Und dann möchte ich sie zu einer einzigen Übung zusammenführen, durch die ich mir gleichzeitig und jederzeit meiner fünf Sinne bewusst werden kann und die den Zustand körperlicher Bereitschaft für das körperliche Bewusstsein hervorruft, das die Stärke unseres Seins wiederbelebt und jede Situation bereichert mit der Fülle all der Fähigkeiten, die den Menschen ausmachen.

Ein Buch von Frank Pierce Jones trägt den prägnanten Titel *Body Awareness in Action* (*Körperbewusstsein in Aktion*). In diesem Buch hat alles Worte gefunden, was auch ich an dieser Stelle sagen will. Wir funktionieren, wie wir immer funktioniert haben, wir laufen und reden und arbeiten und essen, doch jetzt begleiten wir all diese Aktivitäten mit der bewussten Gegenwart unserer Sinne, damit wir wahrhaftiger, lebhafter und frischer sehen und reden und uns bewegen. Es geschieht mit der Anmut und der Freude, die jede Handlung daraus gewinnt, dass sie weiß und fühlt, dass wir uns ihr vollkommen hingeben, mit allem, was wir sind und haben, buchstäblich mit Körper und Seele. Wir werden in unseren intellektuellen, spirituellen und sozialen Unternehmungen durch die körperliche Gegenwart unserer besten Freunde und Partner, nämlich unserer Sinne, unterstützt.

Mein äußerstes Vergnügen ist es, völlig losgelöst zu laufen, mit lockeren Gliedmaßen und erhobenem Kopf, mir jeden Schrittes in seiner Komplexität des Anhebens und Vorwärtsbringens und all meiner inneren Bewegungen der Muskeln und Knochen, die im harmonischen Spiel meinen ganzen Körper durchdringen, bewusst, der Luft, die ich atme und des Windes, der meine Haut grüßt. Ich bin aufmerksam und achtsam, alles, was ich sehe, höre, fühle und aufnehme, von nah und fern, in der sich beschleunigenden Vielfalt der gesamten Schöpfung, die mich umgibt und umfängt als ein lebendiger und frohlockender Teil ihrer selbst in gemeinsamer Bestimmung, nehme ich wahr. Die eintönige Verfassung, in der ich mich vorher befand, weicht neuem Leben, während ich ruhig weitergehe, nicht nur mit meinen Beinen, sondern in Einklang mit all meinen Sinnen.

„Sieh hier!", sagte Siddhartha leise zu Govinda.
„Dieser hier ist der Buddha."
Aufmerksam blickte Govinda den Mönch
in der gelben Kutte an, der sich in nichts
von den hunderten der anderen Mönche zu unterscheiden
schien. Und bald erkannte auch Govinda:
Dieser ist es. .... (Buddha) trug das Gewand
und setzte den Fuß gleich wie alle seine Mönche .....
Aber sein Gesicht und sein Schritt,
sein still gesenkter Blick, seine still herabhängende
Hand und noch jeder Finger an seiner still
herabhängenden Hand sprach Friede,
sprach Vollkommenheit, suchte nicht,
*   ahmte nicht nach ....*
Aber er (Siddhartha) blickte aufmerksam auf
Gotamas Haupt, auf seine Schultern, auf seine Füße,
auf seine still herabhängende Hand, und ihm schien,
jedes Glied an jedem Finger dieser Hand war Lehre,
sprach, atmete, duftete, glänzte Wahrheit.

(Hermann Hesse, *Siddharta*, S.30)

10. GOLFEN IM SESSEL

Die folgenden Übungen sind sogar noch einfacher – und vielleicht sogar noch effizienter. Die Macht unserer Imagination, unserer Vorstellung ist enorm, und wenn wir sie klug einsetzen, können wir unsere Sinne und unseren Körper zu neuen Ebenen des Gewahrseins führen und dadurch den Kontakt und die Freundschaft beider Teile stärken, was uns wiederum hilft, all die einzelnen Aspekte in unser Leben zu integrieren, die unsere Persönlichkeit ausmachen, und die damit unserer Existenz eine größere Fülle geben.

Das Prinzip ist sehr einfach. Wir alle wissen, dass es uns leichter fällt, etwas auszuführen, wenn wir uns bereits gedanklich mit dem jeweiligen Thema beschäftigt haben. Vor einem wichtigen Interview bereiten wir uns auf die Schlüsselpunkte vor und üben vielleicht sogar unsere Körpersprache. Vor einer schwierigen Operation geht ein sorgfältiger Chirurg jeden Schnitt und jede Naht in Gedanken durch. Es fällt ihm leichter zu operieren, wenn er sich vorher in seiner Vorstellung einen Plan von seiner Vorgehensweise gemacht hat. Jeder engagierte Sportler schließt, bevor er in seiner jeweiligen Disziplin seine Leistung unter Beweis stellen will, für einen kurzen Moment die Augen und geht gedanklich die Bewegungsabläufe durch, die er ausführen muss, und schreitet erst dann zur Tat. Der Golfchampion Jack Nicklaus sagt von sich selbst: „Ich mache nie einen Schlag, ohne mir zuvor in Gedanken ein klares Bild des ganzen Schlagablaufs gemacht zu haben. Zuerst „sehe" ich, wohin ich den Ball schlagen will; dann „sehe" ich, wie er dahin gelangt: Ich stelle mir seine Flugbahn vor und seine Landung. Als nächstes „sehe" ich mich selbst, wie ich den Schlag, der meine Vorstellung Wirklichkeit werden lassen soll, ausführe." Dies ist eine so universelle Praktik, dass sie uns ganz natürlich erscheint, und vielleicht sind wir uns gar nicht darüber im Klaren, welchen praktischen Nutzen eine solche bewusst durchgeführte mentale Vorbereitung hat. Ich will diese Praktik anhand einiger interessanter Beispiele erläutern und dann erklären, wie wir sie in unserem Bemühen um eine bessere Kooperation mit unseren Sinnen einsetzen können.

Das maximale Gewicht, das der Gewichtheberchampion Charles Garfield heben konnte, waren 135 Kilogramm. Er war der Meinung, dass dies seine Maximalleistung sei und er seinen Rekord nie weiter verbessern könne. Seine Trainer ermunterten ihn jedoch, sich einfach mal vorzustellen, wie er ein viel größeres Gewicht erfolgreich hebt. „Sie brachten mich dazu, mir den Klang der beim Heben aneinander stoßenden Metallscheiben vorzustellen, das Geräusch meiner Atmung, den Druck auf meinen Armen und schließlich das Heben selbst." Als nächstes bestückten sie die Stange mit 165 Kilo ... und er hob sie tatsächlich. Der Psychologe Anees Sheikh sah sich veranlasst zu sagen: „Forscher haben nachgewiesen, dass eine mentale Übung denselben Effekt haben kann wie eine praktische."

Michael Gelb beschreibt folgendes Experiment in seinem wunderbaren Buch *Body Learning* auf S. 82:

Eine von dem Psychologen Alan Richardson durchgeführte, faszinierende Studie zeigt die Macht der Visualisierung.
Richardson wählte nach dem Zufallsprinzip drei Gruppen von Personen aus und bewertete ihre Fähigkeiten im Freiwurf beim Basketball. An den folgenden zwanzig Tagen trainierte die erste Gruppe pro Tag zwanzig Minuten Freiwurf.

Die zweite Gruppe übte gar nicht, und die dritte Gruppe trainierte auch nicht praktisch, aber ihre Mitglieder visualisierten täglich zwanzig Minuten lang ihre Würfe.

Nach zwanzig Tagen überprüfte Richardson das Können der jeweiligen Gruppen. Die erste Gruppe hatte sich um 24 % verbessert, bei der zweiten Gruppe zeigte sich keine Verände-

rung und die dritte Gruppe, die nur durch tägliche Visualisierung in ihrer Vorstellung geübt hatte, hatte sich um 23 % verbessert.
Spätere Experimente mit Speerwerfern und Bogenschützen brachten ähnliche Ergebnisse.

In ihrem Buch *The Joy of Visualization* berichtet Valerie Wells von einem ähnlichen Beispiel. Hier handelte es sich um zwei Golfspieler mit annähernd gleichen Handicaps. Sie trainierten einen Monat lang. Der eine trainierte beim Spiel auf dem Golfplatz, der andere versank buchstäblich in einem Sessel und spielte in aller Bequemlichkeit in seiner Vorstellung Golf, indem er jeden einzelnen Schlag visualisierte. Nach einem Monat gingen die beiden gemeinsam auf die Runde ... und der „Sesselgolfer" gewann das Spiel.

Denise McCluggage beschreibt in ihrem faszinierenden Buch *The Centered Skier* die interessante Erfahrung, die sie machte, als sie sich mit einer Freundin zum Skifahren auf einen verschneiten Gipfel begab und beide während der Fahrt im Sessellift dachten, sie würden sich zu Tode frieren. Aus reinem Selbsterhaltungstrieb heraus entschlossen sie sich, ihre Vorstellungskraft einzusetzen. Sie ließen eine kräftige Wärmequelle in ihrem Innern entstehen und visualisierten, wie diese ihre Körper ganz mit wärmenden Schwingungen erfüllte. Beide Freundinnen vertieften sich ganz in diese Vorstellung mit dem Ergebnis:

Als wir den Gipfel erreichten, wo der Wind oft unbarmherzig bläst, musste ich sogar meinen Parka etwas aufknöpfen.
Das geschah nicht aus Unvernunft. Denn als wir oben ankamen, war uns beiden wunderbar warm und wir strahlten vor Freude.
„Es funktioniert tatsächlich", war unsere Schlussfolgerung.
Ich habe seitdem öfters meine Vorstellungskraft in Form von Visualisierungen eingesetzt, immer mit gleich gutem Erfolg.

Es fehlt ihr nicht an Humor oder an Realitätssinn, und so fügt sie noch hinzu: „Vergessen Sie nicht, passende Kleidung zum Skifahren mitzubringen und beachten Sie den durch den Wind verursachten Kältefaktor." Sie zitiert das Sufi-Sprichwort: „Vertraue auf Allah, doch vergiss nicht, dein Kamel anzubinden." Natürlich genügt es nicht, sich einfach nur vorzustellen, Tore zu schießen, um ein Fußballspiel zu gewinnen. Man muss auch seine Muskeln trainieren, Schüsse üben, Durchhaltevermögen aufbauen und zu Geduld und Demut finden, um nicht gegen ungerechte Entscheidungen des Schiedsrichters zu protestieren. All das muss getan werden, und dafür werden die Trainer bezahlt. Aber wenn wir den visuellen Faktor vergessen, dann berauben wir uns eines wichtigen Mittels, unseren Stil zu verbessern - nicht nur im Sport, sondern auch im Leben.

Das eindrucksvollste Beispiel von der Macht der Imagination ist der Bericht von einem Phänomen bei manchen Eingeborenenstämmen. Ich habe diese Berichte wiederholt von Fachleuten, die sich damit beschäftigen, gehört. Wenn ein Stammesmitglied wegen eines schweren Vergehens ausgestoßen oder verflucht wurde, dann sondert sich diese Person von seinem Stamm ab und stirbt innerhalb weniger Tage. Der Tod wird nicht etwa durch Hunger oder Gift oder einen Unfall hervorgerufen, sondern einfach durch die Kenntnis des Todesurteils, den Glauben an die Kraft des Fluches und seine Erfüllung durch das Sterben. Doris Brett schreibt dazu in ihrem Buch *Annie Stories* (S. 33):

Wir beginnen gerade erst zu entdecken, welch außerordentliches Werkzeug die menschliche Vorstellungskraft ist – zum Wohl oder Übel. In dieser Erkenntnis sind uns die Medizinmänner der Urvölker weit voraus, die ihre Feinde in den Tod „sangen": (Zweifellos vermuten viele Eltern heutzutage eine ähnliche Absicht bei ihren Kindern im Teenageralter und stopfen sich ihre Ohren mit Watte zu, um dem allgegenwärtigen Radio oder CD-Player zu entgehen.)

Der Spruch des Zauberers, zusammen mit dem Zauberknochen, der auf das Opfer zeigte und damit dem Verurteilten verkündete, dass er sterben müsse, war natürlich ein Gesang anderer Art.
Für den Verurteilten war der Medizinmann allmächtig und der Glaube an ihn bedingungslos. Das Opfer glaubte, dass es sterben würde, und so geschah es, zum Tode verurteilt durch die Macht seiner eigenen Gedanken.
(Annie Stories, Workman Publishing, S. 33)

Ich kann mit zwei weiteren Beispielen aus meinem Leben aufwarten. Sie sind zwar nicht so tragisch, ich möchte sie aber dennoch erzählen. Als junger Mann hatte ich Klavierstunden. Zu der Abschlussprüfung musste ich eine eintägige Reise mit dem Zug zu dem Ort, an dem die Prüfungskommission tagte, auf mich nehmen. Ich war nie ein Genie auf dem Klavier, aber ich spielte fehlerfrei. Damals machte ich die Erfahrung, dass der allen großen Pianisten zugeschriebene Ausspruch (wahrscheinlich hat keiner von ihnen diesen Satz wirklich jemals gesagt) der Wahrheit entspricht: „Wenn ich einen Tag nicht spiele, dann merke ich das; spiele ich zwei Tage nicht, dann merken es die Musikkritiker; sind es drei Tage, dann merkt es das Publikum." Wenn ich einen Tag wegen der Zugfahrt nicht spielen würde, wäre meine Virtuosität dahin, was ich mir am Vorabend der Prüfung nicht leisten konnte. Instinktiv fand ich die Lösung für das Problem. Ich nahm die musikalischen Meisterwerke, die Teil der Prüfung sein würden, mit, schlug sie Seite für Seite auf meinen Knien auf und ging in Gedanken jeden Satz mit dem exakten Fingersatz durch. Ich will damit nicht sagen, dass ich mit meinen Fingern die Noten getrommelt hätte. Nichts dergleichen. Meine Hände waren vollkommen still, aber ich stellte mir jede ihrer Bewegungen im Detail vor, so, als ob ich wirklich das Stück auf der Klaviatur spielen würde. Damals wusste ich noch nicht, was ich heute weiß, welch wichtige Rolle die Visualisierung spielt. Ich machte diese gedankliche Übung instinktiv und sie hat mir gute Dienste geleistet. Ich stellte damals fest, dass die Zugfahrt meine Fingerfertigkeit nicht beeinträchtigte hatte und dass ich in der Lage sein würde, mich Chopin zu stellen.

Mein anderes Beispiel ist jüngeren Datums. Jetzt, im Alter, bin ich zu einem Anhänger des Tai Chi geworden, der chinesischen Übungen für Geist und Körper, was zu den beglückendsten und schönsten Erlebnissen zählt, die mir in meinem Leben passiert sind. Ohne es ausdrücklich betonen zu müssen, ist eines klar: Dieses ganze Buch hat seinen Ursprung in dieser Erfahrung. Und ich hoffe, es ist auch klar, dass dieses Buch für mich nicht so etwas wie die Arbeit eines Bücherwurms ist, sondern ein persönliches und brennendes Anliegen, das vor lauter Enthusiasmus aus allen Nähten platzt, so dass ich es herunterschrauben und auf konservative Standards reduzieren muss, damit mein Enthusiasmus nicht mit mir durchgeht und ich hier eine objektive und neutrale Präsentation abgebe, wie es sich für ein respektables Buch gehört. Tai Chi hat mir meinen Körper zurückgegeben und meine grauen Haare gesegnet mit der unbändigen Freude über all die fröhlichen Gefährten, mit denen ich mich in wundervollen Stunden in dieser Kunst übe. Ich hoffe, dass ihr Geist die Seiten dieses Buches durchdringt und all jene erreicht, die sich diesem Fest der Sinne nähern wollen, egal welchen Alters, welcher Mentalität oder Lebenserfahrung. Wir haben alle einen Körper und wir alle haben ihn vergessen.

Meine Lieblingsübung ist „das Spiel der fünf Tiere". Es sind der Tiger, der Bär, der Affe, der Hirsch und der Kranich. Hierbei geht es nicht darum, unbeholfen nachzuahmen, was diese Tiere mit ihren anmutigen Bewegungen viel besser können als wir, sondern in ihren Geist einzudringen, von innen heraus die besten und typischen Merkmale zu assimilieren, symbolisch und wirklich, und sie in Bewegungsabläufen auszudrücken, die seit Urzeiten in China ausgeführt werden. Im Tiger erkennen wir die Kraft und die Geschmeidigkeit: „Er bewegt sich wie ein Wirbelwind, er steht ruhig wie der Mond." In dem Bären sehen wir die unter anscheinend schwerfälligem Äußerem versteckte innere

Agilität. Diejenigen, die den schönen Film „Bear" gesehen haben, wissen, wovon ich rede. In dem Affen erkennen wir seine unermüdliche Neugier und seinen Spaß an Unfug: Zum Schluss rollen wir stets lachend auf dem Boden herum, wenn wir „Affen" sind. In dem Hirschen sehen wir die erhabene Eleganz seiner aufrechten Gestalt, von den grazilen Beinen zu dem sich gabelnden Geweih: „Selbst die Spitzen des Geweihs sind in den Abdrücken, die seine Hufe auf dem Waldboden hinterlassen, zu spüren." In dem Kranich erkennen wir die schwerelose Grazie, mit der er am Himmel schwebt, ohne die Erde zu vergessen: „Der Kranich will keinen Schatten auf das Wasser des Sees werfen, und die Wasser des Sees wollen ihn nicht reflektieren."

Mein Problem war der Hirsch. In der ersten Sequenz (für jedes Tier gibt es mehrere) sollten wir unsere Arme mit ausgestreckten Fingern in Kopfhöhe heben als lebendes Abbild des Hirschgeweihs. Unsere Arme sollten dabei eine Einheit bilden und sich nicht aufeinander zu bewegen. Nur die Knie und Hüften bewegten sich in einer kreisförmigen Wellenbewegung, in lebhaftem Rhythmus und mit Anmut. Es lässt sich nicht so recht in Worte fassen. Hier stieß ich auf eine unlösbare Schwierigkeit. So oft ich es auch versuchte, ich konnte meine Hüften nicht bewegen. Ich stand stocksteif da und weil ich irgendetwas bewegen musste, wedelte ich tollpatschig mit meinen ausgestreckten Armen, was den Eindruck machte, dass der Hirsch jeden Moment sein Geweih verlieren würde. Alle meine Gefährten lachten und ich mit ihnen. Ich versuchte nicht, irgendeine Bewegung zu forcieren, da ich wusste, dass das kontraproduktiv ist und es besser ist zu warten, bis die Bewegung sich zu einem gegebenen Zeitpunkt von selbst manifestiert.

Ich glaube, dass diese Unbeweglichkeit der Hüften etwas mit unserem katholischen Zölibat zu tun hat. Ein lebenslanges Einhalten der religiösen Vorschrift gleicht einem Keuschheitsgürtel, der bei uns katholischen Geistlichen die Reaktionen zensiert und Körperhaltungen einfriert. Des Geistes Wachsamkeit führt zu

Unbeweglichkeit in der Haltung; die Entschlossenheit des Geistes lässt den Körper erstarren. Es besteht kein Zweifel, dass die „Beherrschung der Sinne" und die Unterdrückung der Gedanken und Gefühle, die immer mit dem Zölibat einhergehen, unsere Fähigkeit des körperlichen Ausdrucks beträchtlich reduziert haben. Es war nicht leicht, innerhalb der geometrischen Grenzen eines Klosters das anmutige Herumtollen eines Hirsches zu imitieren. Ich musste mir etwas einfallen lassen, um die wohltuende Geschmeidigkeit des chinesischen Unterfangens zu erlernen.

Einmal, als ich nicht an dem Tai-Chi-Unterricht teilnehmen konnte, kam es mir in den Sinn, stattdessen die Übungen mental mit geschlossenen Augen durchzuführen. Als der Hirsch an der Reihe war, führte ich die Übung in Gedanken genauso aus, wie ich es immer tat, das heißt, ich hielt meinen Rumpf steif und bewegte nur die Arme. Aber dann, urplötzlich - und immer noch nur in Gedanken - hatte ich das Gefühl, als ob ich den Hirsch mit genau den richtigen Bewegungen der Knie und Hüften machte. Natürlich nur im Geiste. Am nächsten Tag ging ich zum Unterricht - und zu meiner eigenen Überraschung und unter großem Beifall der Gruppe bog ich meine Taille ganz natürlich und vollführte den fröhlichsten Hirschen, den der Wald je gesehen hat. Was ich in Stunden körperlicher Übung nicht erreicht hatte, gelang mir durch einen Moment der inneren Visualisierung. Das ist die Kraft der Vorstellung. Nur fühle ich mich jetzt, da ich dies niederschreibe, ein wenig verwirrt bei dem Gedanken, dass das Zölibat-Hüften-Verhältnis auch in umgekehrter Richtung Wirkung haben und mir Probleme schaffen könnte. Ich muss mir ein anderes Tier aussuchen.

Die Technik der Visualisierung lässt sich auf alles anwenden und kann in jeder Situation helfen, bei jeder Haltung, Gewohnheit oder Beschäftigung. Das bereits erwähnte Buch *The Joy of Visualization* bietet 75 detaillierte Visualisierungen und es könnte leicht ein Vielfaches davon sein. Ich werde mich hier nur mit drei wesentlichen befassen, die die drei Hauptaktivitäten unseres Lebens repräsentieren, und die, wenn sie aufmerksam wiederholt und ruhig ausgeübt werden, unsere Vitalität beträchtlich erhöhen können, wie ich aus eigener Erfahrung weiß.

Erste Visualisierung: Gehen

Ich habe bereits auf die Wichtigkeit des Gehens als tägliche körperliche Übung hingewiesen; als Fest der Sinne, als erreichbaren Luxus, Turnen im Freien, integrale Therapie. Hier geht es jetzt darum, dass sich unser Laufstil verbessern lässt und dass diese Verbesserung zu einer generellen Optimierung unseres Alltags führt, in Grundton, Einstellung, Stimmung und Ganzheit. Wenn Gehen Therapie ist, werden wir uns umso besser fühlen, je besser wir gehen. Das ist ganz offensichtlich. Und genauso offensichtlich sollte es mittlerweile sein, dass wir das Mittel, unseren Laufstil zu verbessern, bereits in unseren Händen halten, und das ist nichts anderes als die Visualisierung, von der wir reden. Darum schlage ich zuerst die Visualisierung des Gehens vor, da sie meiner Meinung nach die grundlegende ist, die am leichtesten anwendbare und diejenige, die uns voraussichtlich am meisten gut tun wird. Hier ein praktischer Hinweis: Die Visualisierung erfolgt in bequemer Haltung mit geschlossenen Augen. Aber sie besteht nicht darin, dass wir uns selbst „sehen", so als ob wir von hinten auf unser eigenes Bild schauen, wie wir die Straße entlanggehen, sondern darin zu „spüren" wie ich gehe, so als ob ich wirklich meine Füße und Hände bewegen würde und all die Reaktionen meines Körpers spüre, obwohl ich in Wirklichkeit ausruhe. Richtiger wäre es, von „Sensibilisierung" oder „Sensualisierung" zu sprechen. Nun kann jeder mit der Übung beginnen, aber um zu Anfang die Dinge zu erleichtern, gebe ich hier die Anleitung Glen Parks in dem zuvor erwähnten Buch *The Art of Change* (S. 87) wieder:

*Stellen Sie sich vor, Sie gehen
an einem sonnigen Tag über ein freies Feld.*

Visualisieren Sie Ihre Beine,
wie sie den Pfad entlanggehen,
ihre Arme, wie sie seitlich schwingen.
Genießen Sie den Reiz der Bewegung
in ihrem ganzen Körper.
Wenn Sie das Pendeln Ihrer Arme fühlen,
lassen Sie sie eine Weile im Kreis schwingen.
Fühlen Sie die angenehme kreisförmige Bewegung
in Ihren Schultergelenken,
wie sie sanft Ihre Brustmuskeln streckt,
während die Hände nach hinten gehen.

Jetzt möchten Sie gerne laufen.
Also beginnen Sie, anmutig zu laufen,
visualisieren Sie Ihren Körper
und erspüren Sie ihn
als eine freie und sanfte Strömung.
Genießen Sie alle körperlichen Sinneswahrnehmungen,
die Sie mit dieser Art zu laufen in Verbindung bringen.
Jetzt sind Sie erhitzt und glücklicherweise
befindet sich ein See oder ruhiger Fluss in der Nähe
mit genau der richtigen Wassertemperatur für ein Bad.

Visualisieren und fühlen Sie Ihren Körper,
wie er im Wasser schwimmt,
die Bewegung der Hände und Beine
und des ganzen Körpers, wie er sich behaglich
im Wasser aalt.
Schwimmen Sie auf dem Rücken, auf der Brust,
probieren Sie alle Schwimmstile, die Sie kennen.
Wenn Sie aus dem Wasser steigen,
erscheint wie von Zauberhand ein Handtuch,
und da Sie sich so wohl fühlen
beginnen Sie vor Freude zu tanzen.
Vielleicht fühlen Sie sich jetzt nach all der
Anstrengung etwas erschöpft!

Ich erlaube mir eine kleine persönliche Korrektur dieser nützlichen Anleitung. Es ist zwar durchaus schön und rechtens, in der Vorstellung durch freies Feld zu laufen, einen See zu erschaffen und ein magisches Handtuch zu finden, aber ich ziehe es vor, einfach dort zu gehen, wo ich normalerweise in Wirklichkeit laufe, nämlich durch die Straßen meiner Nachbarschaft, durch die Alleen der Stadt oder auf dem Gelände der Universität, dort, wo ich am Morgen gegangen bin und es auch am Abend tun werde. Ich ziehe es vor, meine Vorstellung nicht auf unrealistische Phantasien auszudehnen, sondern ganz im Gegenteil, sie an der alltäglichen Realität festzumachen. Dadurch hat die Visualisierung meines täglichen Spaziergangs für mich einen größeren und zielgerichteteren Einfluss auf meinen Schritt und meinen Gang, auf meine Atmung und mein Vorankommen. Ich glaube, dass dies die wahre Kraft der Vorstellung ist und ihre effizienteste und wohltuendste Aufgabe.

Zweite Visualisierung: Essen

Unsere Mahlzeiten sind großartige Gelegenheiten, freundlichen Kontakt zu unserem Körper herzustellen, aber leider nehmen wir diese Gelegenheiten viel zu wenig wahr. Wir essen schnell, abgelenkt, Zeitung lesend, fernsehend, bei Geschäftsessen, Jubiläen und Hochzeitsfeiern. Wir essen im Stehen, im Gehen, während des Fahrens. Wir essen, ohne uns dessen bewusst zu sein. Die Art, wie wir essen, ist fast eine Beleidigung für unseren Körper - und das ausgerechnet in dem Moment, in dem wir uns ihm in einer Kommunion mit dem Leben nähern sollten. Für den hinduistischen Brahmanen ist eine Mahlzeit ein religiöser Akt, eine Liturgie, ein Kult. Für uns ist es eher eine Pflicht, wenngleich eine angenehme, so doch oft getrübt durch unbotmäßige Eile oder grobe Nachlässigkeit. Dazu kommt die Verachtung für den Körper aus einer missverstandenen Spiritualität heraus, mit dem Ergebnis, dass wir unser Essen und unsere Mahlzeiten als fast mechanische Fütterung eines leider unvermeidlichen Körpers ansehen. Für diese Fehleinstellungen zahlen wir einen hohen Preis.

In unserem Organismus haben wir immer noch Spuren des Urhungers, den die primitiven Menschen fühlten, wenn sie wegen der Unberechenbarkeit der Jagdreviere und der Jahreszeiten manchmal tagelang ohne Nahrung waren, so dass sie sich dann raubtierartig über ihre Beute hermachten, wenn es endlich etwas zu essen gab. Unsere Kiefermuskeln haben eine unbändige Kraft (denken sie nur an die Zirkusartisten, die in eine dürftige Halterung beißend buchstäblich an ihren Zähnen in der Luft hängen), und die haben wir von unseren Vorfahren geerbt, die schließlich auch Knochen mit den Zähnen zermalmten. Jetzt, da unsere Backenknochen ihre urtümliche Funktion verloren haben, ist ihre Kraft in andere Gewaltsamkeiten übergegangen wie Zähneknirschen, Kiefervorschieben und das Verhärten der Gesichtsmuskulatur. Darüber hat Fritz Perls ein ganzes Buch geschrieben, dessen Titel beredt das Thema zusammenfasst: *Ego, Hunger and Aggression*. Allein das Entspannen unserer armen Kiefer ist schon eine Übung für den körperlichen Frieden. Seien Sie gewarnt, es ist nicht leicht.

Eben dieser Fritz Perls erklärte entschieden, er könne jegliche Störung des Geistes heilen, indem er lediglich die Essgewohnheit des Patienten verbessere. Und damit meinte er keine Diät oder den althergebrachten Ratschlag, den wir alle schon gehört haben, jeden Krümel ungefähr 30 Mal zu kauen, bevor wir ihn hinunterschlucken. Das ist alles schön und gut und sicher auch gesund, aber darum geht es hier nicht. Er meinte die physikalische Form des Essens: am Tisch sitzen, Messer und Gabel benutzen, kauen, schmecken, schlucken; das heißt, den gesamten physischen und körperlichen Akt des Essens selbst. Allein dadurch gelang es dem großen Psychologen, jede seelische Erkrankung wirkungsvoll zu bekämpfen. Ohne so weit gehen zu wollen - schließlich handelt es sich hier nicht um eine psychiatrische Behandlung - kann ich doch in aller Bescheidenheit sagen, dass die Übung, die ich für die Visualisierung des Essens vorschlage, beträchtlich dazu beitragen kann, das organische Gleichgewicht, das Körperbewusstsein und das allgemeine Wohlbefinden einer Person zu verbessern. Ich benutze hierzu das Frühstück, die normalerweise standardisierteste Mahlzeit unseres Speiseplans. Jeder kann das Frühstück seinem Geschmack und den Gegebenheiten anpassen. Ich möchte noch einmal darauf hinweisen, dass sich alles nur in Gedanken abspielt, visualisiert mit geschlossenen Augen.

Ich öffne die Tür zu dem Raum,
in dem ich täglich frühstücke.
Ich fühle, wie ich mich Schritt für Schritt
dem Frühstückstisch nähere
und dabei die vertrauten Gerüche wahrnehme,
das frische Obst, den heißen Kaffee, den Toast.
Ich rücke mir sanft den Stuhl zurecht
und setze mich hin, gerade, bequem und entspannt.
Ich nehme die Serviette und breite sie aus.
Ich lasse meine Augen über den ganzen Tisch wandern.
Ich wähle eine Banane. Ich schäle sie.
Ich fühle unmittelbar das Aroma ihres zarten Fleisches.
Der erste Bissen füllt meinen Mund.
Ich prüfe den Geschmack, langsam und aufmerksam.
Wie frisch ist doch der Geschmack einer Frucht
in der Frühe eines neuen Morgens!
Ich esse sie gemächlich, während ich wahrnehme,
wie sie die heutige Verdauung eröffnet.
Willkommen zuhause.
Ein Schluck Kaffee füllt meinen Mund
mit seinem warmen Gruß
und weckt meine Nerven.
Erwartungsvoll halte ich eine Weile inne.

Zwei frisch gebratene Eier lachen mich an.
Das strahlende Gelb, der weiße Rand,
die knusprige Unterlage des dampfenden Toasts.

*Ich nehme das Gefühl von Messer und Gabel
in meinen Händen wahr.
Ich betrachte für einen Moment den Genuss, der
vor mir liegt, und schreite langsam zur Tat.
Langsames Kauen, intensives Empfinden
komplexer Geschmäcke unterschiedlicher Aromen,
ein Geschenk für das gesamte Mundinnere,
das der Mund sich schmecken lässt,
 denn dafür ist er ja gemacht.
Jede Bewegung, jeder Biss,
jeder Geruch und jeder Geschmack
durchdringt den ganzen Körper,
der glücklich ist und dankbar
für die lebensnotwendige Nahrung.*

Wieder der Geschmack des Kaffees.

*Der ganze Körper ist jetzt wie neu,
zufrieden, und brennt darauf, die erhaltene
Nahrung in Aktivität umzusetzen.
Eine angenehme Wärme durchdringt all meine Glieder.
Ich trinke den letzten Schluck Kaffee.
Ich lege die Serviette zusammen.
Ich schaue dankbar auf das leere Geschirr.
Ich schiebe den Stuhl zurück und erhebe mich
und bin mir dabei meiner Gliedmaßen bewusst.
Ich drehe mich um und sehe mich selbst,
wie ich hinausgehe, um den Tag zu begrüßen.*

*Ich öffne meine Augen und lächle.
Ein glücklicher Tag erwartet mich.*

Einmal, während eines Wochenendseminars, machte ich mit der Gruppe diese Übung und wir bemerkten etwas Eigenartiges, das ich nicht vorhergesehen hatte und das uns zu denken gab. Die Übung war mehr oder weniger so, wie ich sie hier beschrieben habe, ohne weitere Details. Das Eigenartige war, dass später am Tag, während der ersten gemeinsamen Mahlzeit nach dieser Übung, sich der Geräuschpegel unserer Unterhaltungen bei Tisch so reduzierte, dass wir es alle bemerkten und zu lachen begannen. Niemand, weder ich noch sonst jemand, hatte gesagt, dass wir mit leiser Stimme reden sollten, und niemand hatte sich bewusst so verhalten. Die in der Gruppe durchgeführte Visualisierung hatte also ihre Auswirkung auf jeden Teilnehmer, und als das Mittagessen kam, maß jeder unabsichtlich und unbewusst dieser Mahlzeit mehr Bedeutung bei als der Konversation, so dass die Unterhaltung abflaute und die Dezibel abnahmen. Ganz spontan hatten wir unsere Mahlzeit von der Vergewaltigung durch laute Konversation befreit. Es geht nicht darum, schweigend zu essen, sondern darum, dass die Konversation das Essen nicht erdrückt. Die Phantasieübung hatte unerwartet ihre Zweckmäßigkeit bewiesen.

Dritte Visualisierung: Arbeiten

Ein Freund, dessen Arbeit ihn für Stunden an den Bildschirm seines Computers fesselt, erzählte mir einmal von seinen Problemen mit der Wirbelsäule, dem Nacken, den Gelenken und den Sehnen, hervorgerufen durch die lange Zwangsarbeit an der gnadenlosen Maschine. Er hatte alles versucht, körpergerechte Stühle und orthopädische Massagen und was immer Freunde und Experten ihm empfahlen. Aber vergeblich, die stechenden Schmerzen suchten ihn weiterhin während seiner Computerarbeit heim. Ich bin keine Autorität auf diesem Gebiet, aber ich sagte ihm doch, dass ein gerader Rücken sicherlich helfen würde. Er wusste das und fiel mir ins Wort: „Ja, ich weiß, aber wie soll ich das denn machen?"

Gute Frage. Eine Korrektur der Haltung erfolgt nicht durch Anordnung, Willenskraft, einen festen Vorsatz oder einen heroischen Schwur. Es hilft auch nichts, überall im Büro Zettel und Plakate anzubringen mit Aufschriften wie: „Wie geht es deinem Rücken?", „Setz dich richtig hin!", „Richte deine Wirbelsäule auf!", „Entspanne deinen Nacken!" Genauso nutzlos ist es, die Sekretärin zu bitten, uns daran zu erinnern, dass wir hin und wieder die Knorpel entlasten. All diese Mittel wurden bereits von Menschen erfolglos ausprobiert. Was ich meinem Freund empfahl, war etwas anderes. Ohne professionellen Anspruch und nur im Interesse unserer Freundschaft schlug ich ihm eine Visualisierung vor. „Stell dir vor, du sitzt an deiner Arbeit. Fühle von innen, dass du eine gesunde, entspannte, korrekte und wohltuende Sitzhaltung eingenommen hast, die sich in deine Sinne einprägt und von dort in das wirkliche Leben übertragen wird." Gerne würde ich sagen, dass er meinem Rat gefolgt ist und nach einigen Tagen gekommen wäre, um mir für die Heilung zu danken; aber Tatsache ist, dass er sich meinen Worten verschloss, nachsichtig meinen Vorschlag belächelte und sich weiterhin über die täglichen Schmerzen im Büro beklagte. Auf jeden Fall half mir dieser Vorfall, mir über die richtige Vorgehensweise besser klar zu werden, und hinzufügen möchte ich auch noch, dass sich eine Wirkung nur dann zeigen kann, wenn man bereit ist, etwas auszuprobieren.

Diese Visualisierung kann jeder auf den Teil seiner Arbeit anwenden, der die meiste Zeit beansprucht. Körperhaltungen, Dringlichkeiten, Einstellungen, Menschen, Reaktionen, Stimmungen und Launen, alles kann mit kreativen Visualisierungen behandelt werden und hat gute Aussicht auf erhebliche Verbesserung. Ich wende meine Imaginationskraft auf meine eigene Arbeit an, jetzt gerade, während ich dieses Buch schreibe (kein Scherz).

> *Ich setze mich sanft an meinen Schreibtisch.*
> *Ich bemühe mich, nicht vornübergebeugt zu sitzen,*
> *meine Wirbelsäule nicht zu krümmen und*
> *meine Schultern nicht einzuziehen.*
> *Meine Füße stehen fest auf dem Boden*
> *und haben vollen Kontakt.*
> *Von innen durchwandere ich meinen Körper*
> *und fühle, dass er entspannt ist.*

*Ich lockere meinen Hals
und überlasse es meinem Kopf,
seine ideale Position zu finden,
stabil, natürlich, flexibel,
ohne jegliche Anspannung.
Meine Hände liegen bereits auf dem Tisch
und spüren das vertraute Gefühl
der abgenutzten Holzoberfläche,
die sie so gut kennen
und lieben und streicheln.
Ich fühle meine Arme, wie sie erwartungsvoll
über dem Tisch, den Papieren,
den Stiften und Büchern schweben,
um von allem mit Takt und Intelligenz
im Sinne der Arbeit Besitz zu ergreifen.
Ich mache einen tiefen Atemzug.
Die tägliche Arbeit beginnt.*

*Ich stelle meine elektrische Schreibmaschine an
und lausche auf ihr schnurrendes Innenleben, während
sie sich für die Arbeit bereitmacht.
Ich streichele sie sanft
und fahre mit den Fingern lustvoll über ihre Tasten
und spreche mit ihnen,
um unsere Freundschaft zu erneuern.
Ich nehme das saubere, weiße, rechteckige
Blatt Papier von stets gleichbleibender Größe
und richte es sanft an dem Einführungsschlitz aus.
Ich halte für einen Moment inne und fühle, wie
ich eins bin mit Tisch, Stuhl, Papier, Büchern,
Schreibmaschine, Stiften und dem ganzen Raum.
Ich schaue, ich spüre, ich höre, ich berühre
das ganze Umfeld mit meinem Bewusstsein
und verschmelze mit ihm.
Bereit, anzufangen.*

Ich lasse in meinem Gehirn einen Gedanken entstehen;
ich lasse diesen Gedanken zu Worten werden,
diese Worte erreichen meine Finger,
meine Finger informieren die Tasten,
bis die Idee zu einem Satz geworden ist
und in klarer Schrift auf dem wartenden Papier erscheint,
in dem ehrfurchtgebietenden Wunder
verständlicher Sprache.
Dabei fühle ich, wie
meine Finger, meine Hände, mein Kopf, mein Körper,
meine Beine und meine Füße
sich freudig an der gemeinsamen Arbeit beteiligen.

Ich lese den gerade geschriebenen Absatz durch.
Ich lächle, ich fahre fort.
Eine neue Seite. Und noch eine. Und noch eine.
Zeit aufzuhören? Ja, für den Augenblick.
Ich nehme das letzte Blatt aus der Maschine
und lege es zufrieden zu den anderen auf den Stapel.
Ich stehe langsam auf
und gehe aus dem Zimmer.
Wir sehen uns wieder.

Ich habe die Absicht, in meinem eigenen Interesse diese Übung immer wieder zu praktizieren. Sie verschafft mir Ruhe und Momente der Entspannung, aber auch Konzentration und Effizienz. Ich brauche diese Übung wirklich, zumindest bis ich dieses Buch beendet habe.

11. MAFALDAS YOGA-ÜBUNG

Bei der dritten und letzten Gruppe von Übungen handelt es sich um den „Dialog mit unseren Sinnen". Schon der Name sagt, um was es hierbei geht: einfache, direkte Kommunikation mit unseren Sinnen und ihren Organen, ein freundliches Sprechen und Zuhören. Wir leben zwar zusammen, kommunizieren aber kaum miteinander. Unablässig leisten uns unsere Augen und Ohren, Hände und Füße, unser Gehirn und unser Magen ihren Dienst, aber wir nehmen uns fast nie die Zeit, sie nach ihrer Meinung zu fragen. Über das, was wir sie tun lassen und was sie gerne tun würden, über unseren Missbrauch, unsere Nachlässigkeit, unser Übermaß oder unsere Unbeholfenheit in unserem Umgang mit ihnen. Wir hören nicht auf ihre Beschwerden, ihre Dankbarkeit, ihre Vorschläge, ihren Tadel. Was könnten uns unsere Hände oder unser Magen nicht alles erzählen, wenn wir uns gelegentlich mal die Mühe machen würden, auf ihre Reaktionen auf all das, was wir mit ihnen tun, zu hören. Sie wissen viel über uns. Sie erleiden oder genießen die Dinge, die wir sie tun lassen, und sie könnten die besten Ratgeber für unsere Gesundheit und unsere Ausgeglichenheit sein, wenn wir lernen würden, sie ins Vertrauen zu ziehen und auf sie zu hören. Der ergiebigste Dialog ist der Dialog mit uns selbst.

Das Procedere als solches ist so simpel und in seiner Ausführung so persönlich, dass ich jetzt keine imaginären Dialoge als Richtschnur erfinden werde. Dafür besteht keine Veranlassung. Es genügt, dafür die Zeit und den Ort zu finden und daran interessiert zu sein. Es genügt, unsere Gliedmaßen und Organe zu fragen, wie sie sich fühlen, wie wir sie in der Vergangenheit behandelt haben, was sie an unserem Umgang mit ihnen schätzen und was sie verärgert, was sie sich für die Zukunft wünschen und wie sie zu unser aller Wohlbefinden beitragen können – und dann bereit zu sein, zuzuhören. Denn sobald sie sich einmal öffnen und zu sprechen beginnen, halten sie sich schadlos für das Schweigen, zu dem wir sie ihr Leben lang verurteilt hatten, und nichts kann ihren Redefluss stoppen. Ihre natürliche Beredsamkeit ist überwältigend. Wir sollten aufmerksam zuhören und versuchen, uns die Hauptpunkte, die sie vorbringen, zu merken und versöhnlich auf ihre Beschwerden und Vorschläge reagieren. Damit legen wir den Grundstein für eine Weiterführung des Dialogs und skizzieren neue Wege zu neuem Verhalten.

Es stimmt, dass im Grunde genommen alles nur Fiktion und Projektion ist und der sogenannte „Dialog" in Wirklichkeit nur ein aufgesplitteter „Monolog", von dem einige Teile mir selbst zugeschrieben werden und andere meinen Sinnen, obwohl wir zu Anfang gesagt haben, dass wir im Wesentlichen EINS sind. Aber solche Hilfsmittel sind wohl bekannt und werden häufig gebraucht in der Psychologie. Eine Übung aus der Gestaltpsychologie, bei der sich eine Person in einem Rollenspiel abwechselnd auf einen von zwei Stühlen setzt und damit verschiedene Rollen des Selbst verkörpert, ist hierfür ein gutes Beispiel. Der Klient sitzt zuerst auf dem einen Stuhl und spricht zu dem leeren Stuhl vor sich, so als ob sein Minderwertigkeitskomplex oder sein Zögern, eine unvermeidbare Situation zu akzeptieren, dort Platz genommen hätte. Und dann tauscht er die Plätze und antwortet sich selbst, das heißt er spricht zu dem ersten, jetzt leeren Stuhl. Er fährt so lange mit dem Argumentieren, Antworten und Stühle Wechseln fort, bis sich seine Verwirrung gelegt hat und er zu einer Einsicht gelangt ist. Eine derartige Prozedur ist legitim und wirkungsvoll, und auf die gleiche Art und Weise kann der Dialog mit unseren Sinnen ein richtiges und wirksames Mittel sein, um eine bessere Integration mit uns selbst zu erzielen. Ich habe großen Nutzen daraus gezogen und gute Zeiten der Kommunikation mit meinen geliebten Sinnen und Gliedmaßen verbracht. Natürlich gab es auch Reibereien. Gelegentlich bringt der offene Dialog Überraschungen, auf die wir nicht vorbereitet sind.

Es gibt einen subtileren und wirkungsvolleren Weg, den Dialog herzustellen. Obwohl er sich schwer erklären lässt, will ich es versuchen, denn die Methode ist äußerst lohnend. Zum Beispiel spreche ich jetzt mit meinen Füßen, und anstatt mir ihre Antwort „vorzustellen" und in Worte zu fassen, „fühle" ich auf irgendeine Weise ihre körperliche Reaktion, ihr stilles Empfinden, ihre nonverbale Botschaft. Diese Erfahrung kann jeder machen, sie lässt sich nur schwer mit Worten ausdrücken. Die „Focusing"-Therapie von Eugene T. Gendlin basiert auf diesem wortlosen Dialog. Ohne den Anspruch zu erheben, eine volle Beschreibung der Focusing-Methode geben zu wollen, zitiere ich einige Stellen aus dem Buch *Focusing*, die neue Wege weisen und hilfreich sind. Gendlin sagt in seinem Buch:

> *Die „Focusing"-Technik ist keine Form des Selbstgesprächs. Anstatt mit dir selbst zu reden, von außen nach innen, horch auf das, was von innen kommt.*
>
> *Frag deinen eigenen Körper auf nette, freundliche und verständliche Weise: „Was ist los?"*
>
> *Und nachdem du die Frage gestellt hast, halte dich absichtlich mit der (verbalen) Antwort zurück. Wenn du jemandem eine Frage stellst, dann ja eigentlich nicht in der Absicht, sie sofort selbst zu beantworten.*
>
> *Darum behandle die Person in dir mindestens genauso gut wie jede andere. Dein inneres Sein kann selbst antworten und braucht nicht deine Antworten auf alles und jedes.*
>
> *Es gibt eine Art Körperbewusstsein, das unser Leben zutiefst beeinflusst und wie ein Instrument benutzt werden kann, um unsere persönlichen Ziele zu erreichen.*
> *Wo hast du die zahllosen Informationsteilchen über Menschen, die du kennst, verstaut?*
> *Nicht in deinem Gehirn, sondern in deinem Körper.*

Dein Körper ist ein biologischer Computer, Lagerhaus jener enormen Datenbanken, die deine Fragen beantworten, kaum dass du sie formuliert hast.

Dein Geist ist nicht in der Lage, all diese Informationen zu speichern oder sie so schnell freizugeben.

Gendlin benutzt den Ausdruck „*felt sense*" (wahrgenommenes Gefühl) und erklärt ihn mit dem Beispiel der Veränderung, die wir in uns spüren, wenn wir mit jemandem sprechen, den wir gut kennen, und plötzlich kommt ein anderer Bekannter in das Zimmer, und die Stimmung ist nicht mehr dieselbe. Diese Veränderungen, so sagt er, stammen nicht aus unserem Hirn und lassen sich auch dort nicht erklären, sondern aus unserem Körper. „Nur unser Körper weiß es", sind seine Worte.

Ein Schüler Gendlins, Martin Siems, hat seinem Buch über diese Methode den bezeichnenden Titel *Your Body knows the Answer* gegeben. Hier ein Abschnitt aus diesem Buch:

Stelle deinem „felt sense" offene Fragen und warte auf die Antworten, höre auf dein Inneres. Die Antworten, die sofort auftauchen, stammen gewöhnlich nicht vom Körper, sondern vom Kopf. Lass die Antworten nur aus deinem Körper kommen.

Heiße die Veränderung, die du in deiner Körperempfindung bemerkt hast, dankbar willkommen.

Erlaube ihr, sich im ganzen Körper auszubreiten und stoppe alle Anstrengungen deines Gehirns, sofort mit dem Analysieren und Begründen zu beginnen.

Es ist sowohl lehrreich als auch beruhigend zu wissen, dass sich ganz unterschiedliche Wissenschaftler, wenn auch mit verschiedener Herangehensweise, in punkto Bedeutung des Körpers, der

Sinne und der Empfindungen für unsere Ganzheit und unser Wohlbefinden einig sind. Gendlin stellt großmütig fest, dass in der Psychotherapie jede Methode zulässig ist und Erfolge erzielen kann. Doch er macht einen einzelnen Faktor zur Bedingung eines Therapieerfolges und legt ihn seinem ganzen System zugrunde. Er fordert, dass eine erfolgreiche Behandlung eine körperliche Veränderung im Klienten hervorrufen muss, eine innerliche Zurkenntnisnahme, eine „felt sensation" (gefühlte Empfindung). Wenn der Körper antworte, beginne der Heilungsprozess. Solange sich alles nur im Kopf abspiele, gäbe es kaum Hoffnung. Dem ersten Teil seines Buches gibt er die Überschrift: „Die Weisheit des Körpers erschließen". Das ist genau das, worauf wir abzielen.

Ich glaube, damit habe ich eine genügende Anzahl an Sinnesübungen beschrieben, damit dieser wichtige und relativ neue Aspekt nicht nur pure Theorie bleibt, ohne jedoch dieses Buch in ein reines „Callisthenics-Handbuch" ohne jegliche intellektuelle Basis umzumünzen. Fairerweise muss ich auch darauf hinweisen, dass diese Übungen, so ganzheitlich und effektiv sie sind, kein Allheilmittel für alle Übel darstellen und keine Zauberformel mit sofortiger Wirkung. Ich werde beide Aspekte, ihre Wirksamkeit und ihre Grenzen, mit ein paar persönlichen Erfahrungen unterstreichen.

Ich habe bereits den von Shri Goenka geleiteten Kursus in Igatpuri erwähnt. Das Erlebnis unserer täglichen Mahlzeiten war für mich eine tief beeindruckende Erfahrung. Und das nicht so sehr wegen des Essens, so einfach und gesund es auch war, sondern wegen der Anweisungen, die wir erhielten, wegen der Disziplin, die wir einhielten und der Atmosphäre, die geschaffen wurde, wodurch jede Mahlzeit zu einer authentischen und paradoxerweise tief spirituellen Erfahrung wurde. Die Mahlzeiten wurden gemeinsam und in vollkommenem Schweigen eingenommen, auch ohne Hintergrundsmusik, die das Vakuum hätte füllen können. Jeder erhielt sein Tablett mit vegetarischem Essen, setzte sich auf einen freien Platz und begann zu essen. Ohne dass eine Anweisung erteilt, über dieses Thema gesprochen oder daran gedacht oder es besonders erwähnt wurde, führte jeder von uns auf seine eigene Weise die Übung des „Schmeckens" durch und die Visualisierung „Essen", und das schaffte Frieden, Zufriedenheit, Konzentration, verbesserte sogar den Geschmack und machte aus dem gekochten salzlosen Reis duftenden „Biriyani". An einem der Tage gab es als Gemüse „Karela" (Bittermelone). Mit seinen rauen Blättern und seinem bitteren Geschmack ist es an den Tagen des Monsuns, wenn andere Gemüsesorten der Hitze und der Feuchtigkeit nicht standhalten können, eine bevorzugte Speise. Ich fand jedoch Karela immer ziemlich ungenießbar und das geht soweit, dass ich es fast nicht hinunter kriege. Aber an diesem Tag, unter der selbst auferlegten Disziplin zur Befreiung der Seele, waren Opfer willkommen. Ich akzeptierte den Übeltäter und nahm ihn sanft in meine Finger (Messer und Gabel gab es nicht) und steckte ihn in meinen Mund. Die ganze Zeit über war ich entspannt, zufrieden, aufmerksam, in Kontakt mit meinem ganzen Körper und meiner ganzen Seele. Ich begann die Beute langsam zu kauen, ohne Widerstand, ohne Protest, ohne Eile, schüchtern offenbarte ich dem gefürchteten Gast die Geheimnisse meines Mundes, ich fühlte, wie sich der Bissen langsam verflüssigte, ich schmeckte ihn, ich schluckte ihn ... und verspürte auf meiner Zunge einen unerwartet angenehmen Geschmack. Darüber habe ich mich sogar geärgert. Es schien zu beweisen, dass ich unrecht hatte. Ich hatte immer behauptet, Karela bräuchte man überhaupt nicht zu essen und ich würde es nie anrühren, und doch saß ich hier und aß es in aller Ruhe und, um noch eins draufzusetzen, es schmeckte mir. Das Erwachen des Körpers hatte die Vorurteile verjagt, und die befreiten Sinne hatten auch dem Geschmackssinn geholfen, sich zu befreien und etwas zu genießen, das an sich gut war. Ich lächelte mir zu und setzte meine Mahlzeit fort. Je freier wir sind, desto besser schmeckt uns das Essen. Ein wichtiges Prinzip in der Gastronomie.

Nun eine gegenteilige Erfahrung - und sie ist nicht die einzige. Es ist in der Tat so, je mehr ich diese Entdeckung der Sinne, die Wiederbelebung des Körpers, die Aufwertung der Gegenwart und die Neubewertung des Lebens sehe, verstehe und schätze, desto weniger scheint mir die Umsetzung in die Praxis zu gelingen und ich bleibe mit gesteigertem Verlangen und unerfülltem Hoffen zurück. Ich erkenne ganz klar die Richtigkeit meines Ziels, ich strebe vehement danach - und doch entzieht es sich mir hartnäckig. Einmal machte ich im Anschluss an den Tai-Chi-Unterricht einen Spaziergang mit zwei Freunden. Ganz erfüllt von ansteckendem Enthusiasmus und allgemeiner Euphorie, die der Unterricht in mir hervorruft, bestimmte ich das Gesprächsthema und erzählte meinen Freunden von den wundervollen chinesischen Methoden, Kontakt mit unseren Sinnen herzustellen, unsere Umgebung wahrzunehmen, der Gegenwart mehr Bedeutung bei zu messen. In meiner Begeisterung bemerkte ich nicht, dass eine Verkehrsampel ziemlich niedrig hing, und da ich ziemlich groß bin, stieß ich mit meinem Kopf ganz unzeremoniell mit unerwarteter Wucht dagegen. Ich musste in ein nahegelegenes Krankenhaus gebracht werden, wo die Kopfwunde mit fünf Stichen genäht und mir eine Tetanusspritze gegeben wurde. Meine beiden Freunde, die mir in meinem Unglück beistanden, hatten danach ihre Zweifel an der Wirksamkeit fernöstlicher Praktiken.

Mafalda ist eine in ganz Lateinamerika und auch über diese Landesgrenzen hinaus wohl bekannte Comicfigur. Sie kann Suppe jeglicher Art nicht ausstehen, und wenn sie aus Gründen einer ausgewogenen Ernährung gezwungen ist, Suppe zu essen, dann stellt sie sich diesem Problem mit allem Einfallsreichtum und aller Schlauheit ihrer charmanten Persönlichkeit. Einmal entschloss sie sich, ihre tiefverwurzelte Abneigung gegen flüssige Nahrung mit Yoga zu überwinden.

In dem Comicstrip wird dieser Versuch in fünf wilden Zeichnungen mit folgendem Inhalt gezeigt: Das erste Bild zeigt klein Mafalda, mit dem Löffel in der Hand und einem ernsten Gesicht, vor einem großen Teller Suppe sitzend und zu sich selbst das sagend, was in großen Buchstaben über ihrem Kopf in der Sprechblase steht: „Konzentrier´ Dich."

Im zweiten Bild: „Atme tief ein und aus."

Im dritten: „Konzentrier Dich."

Im vierten: „Atme tief ein und aus."

Und im fünften und letzten Bild explodiert sie: Die Hände fliegen hoch und der Löffel durch die Luft, ihr Mund ist weit geöffnet und sie schreit ihre bittere Enttäuschung als öffentliche Proklamation hinaus: „Yoga funktioniert nicht!"

Ja, es gibt Momente, in denen auch Yoga nicht hilft. In diesen Momenten sollte man uns nicht zwingen, unsere Suppe zu essen.

12. FEUERWERK

Dies ist keine Übung, sondern nur eine Frage: Wie lange ist es her, dass Sie das letzte Mal richtig laut gelacht haben? Eine lange Zeit? Vielleicht können Sie sich gar nicht mehr daran erinnern? War es ganz spontan in einem Gespräch mit Freunden oder in einer Show mit bezahlter Eintrittskarte und reserviertem Platz? Ich rede hier nicht von einem höflichen Lächeln oder einem zivilisierten, verhaltenen Lachen, die auf ihre Art auch in Ordnung sind, eine Unterhaltung beleben und frohe Gesichter hervorrufen können, sondern ich meine dieses richtig herzhafte und ausgelassene Lachen, das den ganze Körper schüttelt, unsere Gesichter vollkommen öffnet, die Luft um uns herum erschüttert und mit seinen unwiderstehlichen Vibrationen alles erhellt. Festival losgelassener Emotionen. Der bebende Körper als Ausdruck der Freude des Geistes. Zwerchfellerschütterndes Gelächter. Wenn Lachen Medizin ist, dann ist dieses Lachen aus dem tiefen Bauch heraus die beste. Schade, dass wir so selten davon Gebrauch machen.

Ich habe ein Foto vor Augen, das ein alerter Fotograf von einer Gruppe von Führungskräften schoss, während sie einem interessanten Vortrag lauschten. Dieses Foto befindet sich auf Seite 170 des bereits erwähnten Buches *The Art of Change*. Die Manager sitzen dort bequem in parallelen Stuhlreihen, und in dem Moment, als sie fotografiert wurden, schien der Redner einen guten Witz erzählt zu haben, denn ausnahmslos alle lachen, mit weit geöffneten Mündern und glitzernden Augen. Es war ein eindrucksvoller Augenblick, und der Fotograf hat ihn mit seiner Kamera festgehalten. Aber etwas fällt auf an diesem Foto, etwas, das nicht in den Gesamteindruck passt, und das ist der Grund, warum es in jenem Buch erwähnt ist. Obwohl all diese netten Herren lachen, lachen sie zurückhaltend, wie unter Zensur und Zwang. Es stimmt, ihre Gesichter zeigen eine gewisse Fröhlichkeit, aber ihre Körper sind versteift. Alle, ohne Ausnahme, haben ein Bein über das andere geschlagen und die Arme verschränkt. Lachen mit verschränkten Armen ist ein körperlicher Widerspruch. Wie Weinen beim Tanzen - beides passt nicht zusammen. Auch haben alle genau dieselbe Position eingenommen. Ihre Arme und ihre Beine waren in dem Moment in einer Linie, wie die Stuhlreihen. Das daraus resultierende Bild ist beinahe lächerlich. Es gab kein befreites Lachen, sondern nur ein verhaltenes, schüchternes, unterdrücktes. Sie wollten lachen und sie lachten auch, aber sie steckten dabei in der Zwangsjacke des höflichen und formellen Geschäftsmannes. Sie fanden etwas lustig, aber es war ihnen nicht möglich, darauf mit der entsprechenden Körpersprache zu reagieren. Sie zeigten sich über etwas amüsiert, aber sie erlangten nicht die seelische Entspannung eines schallenden Gelächters. Ihr halbherziges Lachen wurde im Protokoll der Sitzung wahrscheinlich nicht festgehalten.

Lachen ist wegen seiner Bedeutung und wegen seiner Auswirkungen wichtig für uns. Es ist ein durch etwas Lustiges ausgelöster Vorgang, bei dem der ganze Körper bereitwilligst mit dem Geist kooperiert und all unsere Glieder lustvoll reagieren. Der Körper schüttelt sich und der Geist kommt zur Ruhe, wird gereinigt, und es stellt sich das Gefühl ein, dass das Leben lebenswert ist. Lachen ist ein wertvoller Moment enger Zusammenarbeit zwischen Geist und Körper, organischer Fülle und geteiltem Wohlbefinden. Und besser noch: Lachen ist ansteckend und verbreitet seine Freudenschwingungen auf alle, die in jenem glücklichen Moment in der Nähe sind. Ein schallendes Gelächter ist ein Geschenk des Himmels an eine Gesellschaft, die das Lachen schon beinahe verlernt hat.

Erst kürzlich habe ich Charlie Chaplins Autobiographie gelesen. Das Gelesene hat meine Seele berührt und, wie ich jetzt bereits unter uns zugeben sollte, auch meinen Körper. Während des größten Teils seines Lebens war das Leiden sein treuer Begleiter. Extreme Armut in seinen ersten Lebensjahren, Trennung von seinen Eltern, die Krankheit seiner Mutter, die harten Anfänge einer Künstlerlaufbahn, die scheinbar nicht gelingen wollte, die

Einsamkeit trotz seiner ersten Erfolge, das Scheitern seiner ersten Ehen, die Zurückweisung durch das Land, dem er sein ganzes Künstlerleben geschenkt hatte, ein Land, das ihn durch die Gerichte verfolgen ließ und ihm, sobald er sich an Bord eines Schiffes nach England befand, den Bescheid zustellte, dass er nicht in die Vereinigten Staaten zurückkehren dürfe. In seinem Leben war viel Traurigkeit, die mit ihrer Heftigkeit das Lächeln, die Gesten, den Gang und die Stimme des unsterblichen Schauspielers überschattete.

Dennoch war dies der Mann, der eine ganze Generation zum Lachen brachte, und nicht nur seine eigene, sondern eine ganze Reihe weiterer Generationen. In seinem Leiden war Güte, menschliche Tiefe, Hoffnung, Gelassenheit und eine stille Entschlossenheit, weiterzuarbeiten, einen Weg zu finden und diesen immer weiter zu gehen. Nachdem er in seinem Buch erst eine Episode aus seiner Kindheit erzählt, in der er erst einmal lachen musste, als ein Schaf auf dem Weg zum Schlachthof seinen Schlächtern entkam und eine kurze Verfolgungsjagd und entsprechende Verwirrung verursachte, ihm dann jedoch die Tränen kamen, als ihm klar wurde, dass das Schaf doch eingefangen und geschlachtet werden würde, stellt er folgende Betrachtung an: „Ich frage mich, ob es nicht diese Episode war, die den Grundstein für meine zukünftigen Filme legte: die Kombination des Tragischen und des Komischen im Leben." (S. 40) Ich erwähne dies, um der Welt des Leidens, in der Humor anscheinend keinen Platz hat, das Lachen zurückzugeben. Eine wohlbekannte Persönlichkeit erklärte zu diesem Thema feierlich: „Angesichts des Leidens um mich herum ist Lachen für mich ein Verbrechen."

Ich kann in dieses Wehklagen nicht einstimmen und diese Meinung nicht teilen. Zweifelsohne will ich mich mit allem, was ich bin, dafür einsetzen, die Armut in der Welt einzudämmen, Unterdrückung jeglicher Art zu bekämpfen, allen Menschen ihre Würde zurückzugeben und Gerechtigkeit in der Gesellschaft zu schaffen; aber ich möchte all dies mit Freude und Begeisterung tun, mit einem Lächeln auf meinem Gesicht und Lachen in meinem Körper als Ausdruck der Freude, jetzt und in Zukunft. Das Leben beginnt nicht mit der Beerdigung.

Vor Jahren kannte ich ein Ehepaar, das sich später scheiden ließ. Ich kannte es nicht sehr gut und erfuhr auch nie die persönlichen Gründe für die Trennung. Aber mir fällt ein, womit ich mir die Scheidung damals erklärte und mehr noch, warum ich nicht überrascht war. Meine Beobachtung war: Insoweit ich dieses Paar kannte, hatte die Frau stets ein offenes, freies, gesundes und ansteckendes Lachen, in das sie oft und lautstark ausbrach, während er, wenn er überhaupt einmal lachte, dies auf eine gehemmte, lahme, nervöse, fast klägliche Weise tat. Die beiden Melodien passten nicht zueinander. Sie verrieten zwei unterschiedliche Einstellungen zum Leben, unterschiedliches Reagieren und unterschiedliches Sein. Die Melodien gingen auseinander. Es ist höchst unwahrscheinlich, dass sie jemals vor dem Richter ihr inkompatibles Lachen als Scheidungsgrund angegeben haben, aber jeder, der die beiden hat lachen hören, wäre zu der gleichen Schlussfolgerung gekommen. Tatsächlich könnte dies ein guter Test für die Kompatibilität zukünftiger Ehepartner sein: herauszufinden, ob ihr Lachen zueinander passt.

Lachen hat im Orient im Prozess des integralen Wachstums eines Menschen einen deutlich höheren Stellenwert als wesentlicher Bestandteil der Lebenseinstellung dieser Person und ihres sozialen Images.

Ein Beispiel dafür ist die legendäre Figur des Ho-tei, auch „Der lachende Buddha" genannt, dessen dickbäuchige Darstellungen in verschiedenen Haltungen, mal mit erhobenen Händen und mal behäbig sitzend, aber immer mit seinem ganzen umfangreichen Körper lachend, in all den Ländern die Tempel zieren und die Wohnstätten der Menschen schmücken, in denen der Buddhismus seine Spuren hinterlassen hat. Ich hatte die Gelegenheit, ein lebensgroßes Abbild des „Lachenden Buddhas" in dem buddhistischen Kloster „Amravati" in der Nähe von London, das von dem thailändischen Mönch Adjahn Chah gegründet wurde, zu sehen. (Bewunderer von Tony de Mello wird es freuen zu erfahren, dass es dieser buddhistische Lehrer, Adjahn Chah, war, den Tony in seinem letzten Brief, den er am Vorabend seines Todes schrieb, erwähnte. Er sagte: „Die Dinge, die in der Vergangenheit so wichtig für mich waren, scheinen ihre Bedeutung verloren zu haben. Andere, wie Adjahn Chah, der buddhistische Lehrer, scheinen mein gesamtes Interesse zu beanspruchen. Ich finde an anderen Dingen keinen Gefallen mehr.")

Das Abbild des „Lachenden Buddhas" thronte also in einer Ecke der großen Halle über der Gemeinde und schien die ganze Atmosphäre mit einem Lachen zu erfüllen, das von seinem Vollmondgesicht ausging, seinen funkelnden Augen, seinem schelmischen Lächeln, seinem wackelnden Bauch und seinen hoch über den Kopf erhobenen Händen, die absurderweise je einen alten Schuh hochhielten. Ich fragte den Meister Adjahn Sumedho, den damaligen Abt des Klosters, der sich in der Halle aufhielt, um Fragen der Besucher zu beantworten, warum der lachende Buddha seine Schuhe in den Händen hielt. Er antwortete mir mit einem Augenzwinkern: „Er wollte, dass Sie diese Frage stellen." Jetzt war ich es, der lachte, als ich die entspannende Wirkung der schweigenden Predigt dieses fröhlichen Buddha in der Ecke wahrnahm. Es war ein sehr vergnüglicher Besuch.

In Indien freuen wir uns über die bezaubernden Geschichten aus Krishnas Kindheit, die durch ihre kindliche Weisheit eine unerschöpfliche Quelle theologischen Humors darstellen. In tausenden von Tempeln und Altären findet sich diese jugendliche Darstellung, die Krishna mit einer Pfauenfeder an der Stirn zeigt, einem Kranz von Dschungelblüten um seinen Hals, einer Kuh an seiner Seite und mit seinen Händen nahe an den Lippen, die das ewige Symbol der Schönheit und Kunst halten, das Instrument seiner Melodien, das Zeugnis seiner Gegenwart, den Überbringer von Freude: die Flöte. Es ist ein Zeichen menschlicher Größe und phantasievoller Verehrung im Hinduismus, sich Gott Flöte spielend vorzustellen. Der Hinduismus kennt auch das Bild Gottes, wie er den kosmischen Tanz tanzt, wodurch eine neue Welt aus der Asche der alten erschaffen wird, verkörpert durch die schlanke und zarte Figur des Nataraj oder des „Lord of the Dance", des „Herrn des Tanzes", eine der schönsten und bedeutungsvollsten Darstellungen religiöser Kunst aller Zeiten. Der Tanz ist verkörperter Ausdruck von Freude in Bewegung.

Selbst im entfernten Mexiko inmitten aztekischer Hinterlassenschaften unbekannter Bedeutung fand ich eine kleine Figur, die auch auf den Märkten archäologischer Reproduktionen verkauft wird, mit der anonymen Bezeichnung „Lachender Held". Mit ausgestreckten Armen, aufgestelltem Daumen und frohlockendem Gesicht lacht diese Figur triumphierend vor dem Mysterium jener Zivilisation, die sie erschaffen hat, und jenen, die jetzt darüber nachsinnen (sie steht vor meinen Augen, während ich dies schreibe) und versuchen, den lachenden Ausdruck zu deuten und sich mit dem Abstand von Jahrhunderten über die Ursache zu freuen, die dieses Lachen ursprünglich ausgelöst hat. Die gesegneten Vorfahren unserer geprügelten menschlichen Rasse haben es auch verstanden zu lachen.

Wir Christen waren immer etwas ernsthafter in unserem Verständnis und unserer Darstellung der Göttlichkeit. Alan Watts hat Recht, wenn er feststellt: „Keiner der großen christlichen Künstler hat jemals einen lachenden Christus gemalt." (in: *The Modern Mystic*, Element Books, Longmead 1990, S. 58).

Vielleicht haben wir uns zu sehr von dem Ernst unserer „Bestimmung für die Ewigkeit" mitreißen lassen, dem Ernst des „Tals der Tränen" und der „Stunde unseres Todes", der all unsere besten Gebete zumindest ein wenig überschattet. Und doch gibt es gelegentlich auch freudvolle Züge in unserer eigenen Tradition, wenngleich wir uns dessen nicht bewusst sein mögen.

Einmal habe ich meinen Spaß mit einer befreundeten Gruppe von Priestern gehabt. Nachdem ich ihnen von anderen Traditionen erzählt hatte, wie ich es des Öfteren tat, fragte ich sie:

„Habt ihr jemals ein Bild von Jesus gesehen, das ihn Flöte spielend zeigt?" Sie verneinen das. Ich fuhr fort: „Habt ihr den neuen Katechismus der Katholischen Kirche gelesen?" (Anm. des Übersetzers: Es handelt sich um eine spanische Ausgabe.) Alle bejahten das und einer fügte hinzu: „Ich habe alle 741 Seiten gelesen - und auch das Inhaltsverzeichnis!" Jetzt setzte ich zum Todesstoß an: „Habt ihr nicht bemerkt, dass es in dem neuen Katechismus der Katholischen Kirche ein Bild gibt, das Jesus zeigt, wie er Flöte spielt?" Sie waren nicht bereit, mir zu glauben, bis jemand aufstand, in die Bibliothek ging, den Band holte und ihn herumzeigte. Da, unmittelbar auf dem Deckblatt, so offensichtlich, dass es keinem aufgefallen war, gab es eine zarte Strichzeichnung, die eindeutig Jesus mit der Panflöte in einer ländlichen Szene darstellte. Und mehr noch, auf der Innenseite mit den Danksagungen, die niemand liest, war die offizielle Erklärung dieser Darstellung. Sie lautet wie folgt:

Das Bild auf dem Einband stammt von einem christlichen Grabstein in den Katakomben von Domitilla in Rom, datiert auf das Ende des dritten Jahrhunderts A.D.
Dieses pastorale Bild heidnischen Ursprungs wurde von den Christen benutzt, um die Ruhe und das Glück zu symbolisieren, die die Seele des Verstorbenen im ewigen Leben findet.

Dieses Bild suggeriert auch gewisse charakteristische Aspekte dieses Katechismus: Christus, der Gute Hirte, der seine Getreuen (die Schafe) führt und mit seiner Autorität (dem Stab) schützt, sie mit der melodischen Symphonie der Wahrheit (der Panflöte) lockt und sie sich niederlegen lässt im Schatten des „Lebensbaumes", seinem erlösenden Kreuz, das das Paradies öffnet.

Es ist wirklich tröstlich, auf dem Einband des neuen Katechismus dieses Bild Jesu, unseres Guten Hirten, zu sehen, wie er die Flöte spielt. Und wir täten gut daran, diese bukolische Freude in unser Leben und in unsere Gottesbilder zu übertragen, auf die

wir ein Anrecht haben, als ein Vorbild und ein Erbrecht. Lasst das Lachen in unsere Körper zurückkehren, so dass alle um uns herum unsere Freude wahrnehmen und teilen.
Das ist das beste Apostolat.

Dies ist auch, was die drei berühmten „Apostel des Lachens" in der taoistischen Tradition ihr Leben lang taten. Sie predigten nicht, sie beteten nicht, sie taten keine Buße, sie lachten einfach. Und ihr legendäres Lachen erweckte in jener Zeit überall in China Freudenechos und fand seinen Niederschlag in den historischen Annalen, in denen ihr Andenken bewahrt wird. Hier ist eine Zusammenfassung ihrer Geschichte:

Niemand kennt ihre Namen, sie sind allen als „die lachenden Heiligen" bekannt, denn lachen ist das, was sie ihr Leben lang taten.

Sie waren drei befreundete Mönche, die von Dorf zu Dorf zogen, es sich jeweils auf dem Marktplatz bequem machten und begannen, sich vor der Menge, die sich um sie versammelte, vor Lachen auszuschütten.

Ihr Lachen war echt, spontan, ansteckend, und die versammelten Menschen, die sie lachen sehen wollten, begannen nun selbst zu lachen, bis das ganze Dorf ergriffen war und sie alle öffentlich an dem Festival des Lachens teilnahmen.

Eines Tages starb einer der drei Mönche, und die Leute dachten und sagten: „Jetzt werden die anderen beiden weinen."

Aber sie sahen, dass diese zu singen und zu tanzen begannen.

Die Menschen sagten ihnen, sie müssten doch jetzt trauern, doch sie erhielten die Antwort: „Wir haben unter uns eine Wette abgeschlossen, wer zuerst sterben würde. Er hat gewonnen, und wir, seine Brüder, müssen jetzt seinen Sieg fei-

ern. Wir haben unser Leben lang mit ihm gelacht, sollen wir jetzt im Gedenken an ihn mit dem Lachen aufhören? Nein." Und sie fuhren fort zu tanzen und zu singen.

Die Menschen beharrten: „Ihr müsst eine Bestattung vornehmen, wascht seinen Körper und zieht ihm neue Kleider an und verbrennt ihn dann, wie es sich gehört."

Sie antworteten: „Wir werden ihn bestatten, aber so, wie er es sich gewünscht hat. Er hat gesagt, wir sollen seinen Körper verbrennen, so wie er ist, ohne ihn zu baden oder auszustaffieren, und so werden wir es auch machen."

Und so wurde es getan. Sie bauten den Scheiterhaufen, legten den Leichnam darauf, übergossen ihn mit Öl und zündeten ihn an. Da geschah das Unerwartete.

Alle, selbst die beiden Mönche, waren auf den letzten Scherz des verstorbenen Mönches nicht gefasst.
In seiner Kleidung hatte er sorgfältig eine große Menge Feuerwerkskörper versteckt, Schwärmer und Himmelsraketen, und als das Feuer sie erreichte, explodierten sie, und mitten auf dem Marktplatz entstand zu jedermanns Überraschung und Freude ein Feuerwerk.

Die beiden Mönche begriffen sofort den Spaß ihres Freundes und begannen, im Kreis um den Scheiterhaufen herum zu tanzen.
Auch die Leute begriffen und begannen zu lachen und zu tanzen und feierten mit ihrem Gelächter den Tod des heiligen Mannes, der sein Leben lang gelacht hatte.

Thomas Merton, selbst ein Mönch der christlichen Tradition wie auch in der fernöstlichen Lehre bewandert, fügt dieser Geschichte einen scharfen, modernen Kommentar hinzu, einen Kommentar, der der drei Mönche würdig ist.

Er sagt, dass ein Konfuzianer (die als Gruppe den Taoisten entgegenstehen), als er den Lärm hörte, näher kam und protestierte, diese Bestattung sei ein Skandal. Die beiden Mönche schauten einander an und sagten gleichzeitig: „Armer Kerl, er kennt die neue Liturgie noch nicht!" Und sie lachten noch mehr.

13. MIT ERHOBENEM HAUPTE

Frederick Matthias Alexander wurde 1869 in Tasmanien (Australien) geboren. Wie er selbst erzählte, galt sein Interesse in jungen Jahren vornehmlich der Poesie und dem Theater, dem Studium von Shakespeares Stücken und ihren Charakteren und der öffentlichen Rezitation dieser berühmten Monologe und anderer Szenen. Er war davon ausgegangen, dass er diesem Beruf sein ganzes Leben widmen könne, als sich ihm plötzlich ein unerwartetes Hindernis in den Weg stellte. Bei einem öffentlichen Auftritt versagte auf einmal seine Stimme. Da sein künstlerischer Vortrag weiterhin und immer öfter durch Husten unterbrochen wurde oder er bisweilen die Stimme ganz verlor, konnte er sich seinem Publikum bald nicht mehr zumuten. Er ging zum Arzt, der die Diagnose „Stimmschwäche" stellte und Mittel verschrieb, die jedoch nicht halfen. Seine Karriere, die so vielversprechend begonnen hatte, war in Gefahr.

Dann ging er jedoch mit der ihm stets eigenen wissenschaftlichen Neugier daran, sich vor drei im Winkel zueinander gestellten Spiegeln (wie bei der Anprobe beim Schneider) zu beobachten und seine Gestik und seine Körpersprache während des Rezitierens zu studieren. Nach einiger Zeit der Selbstbeobachtung bemerkte er, dass er während der Rezitation immer den Kopf nach hinten beugte, wodurch sein Kehlkopf zusammengedrückt und seine Stimme beeinträchtigt wurde. Diese erste Beobachtung führte ihn zu einem genaueren Studium des Zusammenspiels all seiner Körperteile und des Kehlkopfes beim Rezitieren. Er nahm diese genaue Analyse sehr ernst und verwandte mehr als zehn Jahre darauf, immer wieder vor den Spiegeln Beobachtungen zu machen, doch bereits am Ende des fünften Jahres begann er seine Schlussfolgerungen zu systematisieren und sie bekannt zu machen. Bald begannen ihn Patienten aufzusuchen, denen er bei allen möglichen orthopädischen Problemen mit erstaunlichem Erfolg half. Sein Name wurde berühmt, und mit 34 Jahren machte er sich auf nach Europa.

Während der langen Reise von Sydney nach London schrieb er ein Buch über seine Methode, warf das Manuskript jedoch ins Meer, bevor er an Land ging. Später schrieb und publizierte er dann vier Bücher, und viele weitere Bücher wurden über ihn und seine Methode geschrieben, die so vielen Menschen geholfen hat. Bernard Shaw, damals bereits 48, besuchte bei Alexander einen vollständigen Kurs mit 40 Lektionen, was ihm anscheinend gut getan haben muss, denn er wurde 94. Andere berühmte Klienten Alexanders waren Aldous Huxley, dessen Ehefrau bestätigte, dass die Behandlung nicht nur den Charakter ihres Mannes, sondern auch seine Romane verbessert hatte. John Dewey erklärte, dass sich unter Alexanders Anleitung nicht nur seine Gesundheit gebessert habe, sondern dass er durch die Behandlung auch zu einer neuen Auffassung und einem neuen Verständnis über das Funktionieren des menschlichen Organismus´ gefunden hätte. Er verlieh seiner Überzeugung Ausdruck, indem er von seinem 58. Lebensjahr bis zu seinem Tode mit 93 Jahren, wobei er sich bis zum Schluss ausgezeichneter Gesundheit erfreute, die Behandlung getreu beibehielt. Es wurde regelrecht eine Mode in jener Zeit, *„to go to Alexander"* („zu A. zu gehen"), und sein Einfluss reichte von England bis nach Südafrika und von Australien bis nach Amerika.

In seinem 75. Lebensjahr stürzte Alexander und zog sich eine Rippenverletzung zu, der eine Woche später eine Thrombose folgte, die seine linke Seite, vom Gesicht abwärts, lähmte. Aber er erholte sich davon und konnte schon nach kurzer Zeit wieder unterrichten. Er demonstrierte nun zuerst an sich selbst und an seinen Bewegungen die Lebendigkeit und die Energie, die er andere lehrte. Ein kleines Kind, das Mr. Alexander kennen lernte, als er bereits im fortgeschrittenen Alter war, soll seine Mutter gefragt haben: „Wer ist denn der junge Mann mit den weißen Haaren?" Neben seinem wertvollen Erfahrungsschatz und seiner Art der reflexiven Analyse hatte Alexander einen „besonderen Touch", einen Griff und eine Art der Berührung, die es ihm ermöglichte, organische Defekte in Haltung und Bewegung eines Menschen mit erstaunlicher Wirksamkeit und Schnelligkeit zu korrigieren. Einer seiner Schüler und später auch Lehrer seines Systems, Frank Pierce Jones, erinnert sich:

Auf eine für mich verwirrende Art trat Alexander während seiner Unterweisungen von Zeit zu Zeit einige Schritte zurück und schaute seinen Schüler oder Patienten kritisch an, so als ob er ein Portrait von ihm malen würde.
James Harvey Robinson sagte: „Tatsächlich modelliert er den Körper jeweils neu, so, wie ein Bildhauer den Ton formt."
Ich sah ihn einmal mit einem sechzehnjährigen Mädchen arbeiten, das an einer schweren Skoliose litt.
Äußerst geschickt und fachkundig führte er immer nur eine kleine Veränderung auf einmal durch und richtete die junge Frau auf diese Weise ganz allmählich auf, bis sie schließlich zwei oder drei Inches (ca. 6-9 cm) größer schien und beinahe symmetrisch.
Solange seine Hände auf ihrem Rücken und ihrem Kopf lagen, konnte sie umhergehen ohne jeglichen Verlust an Symmetrie. Wenn er seine Hände jedoch wegnahm, nahm ihr Körper langsam wieder die alte Haltung ein, oder doch beinahe.
(Body Awareness in Action, S. 67)

So sehr es zutrifft, dass sein persönlicher „Touch" einmalig und unersetzbar war, so stimmt es auch, dass er wiederholt zu seinen Schülern sagte: „Auch du kannst erreichen, was ich tue, wenn du mir genau nachmachst, was ich mache." Was hat er denn im Wesentlichen getan? Er hat erkannt, dass der schlechte Gebrauch, den wir von unserem Körper machen, sein Funktionieren beeinträchtigt und dass diese falsche Programmierung sich so in unsere Zellen und unsere Gewebe einprägt, bis wir Dinge und Einstellungen als für unseren Organismus als wohltuend empfinden, die in Wirklichkeit schädlich für ihn sind. Der Weg, diesem Teufelskreis zu entkommen, besteht nach Alexander nicht darin, dem Körper korrigierende Übungen aufzuzwingen, sondern die Körper-Geist-Einheit wiederherzustellen, spontane (und darum falsche) Reaktionen zu unterdrücken und sie stattdessen durch waches und zielgerichtetes, bewusstes und von Fehlern befreites Handeln zu ersetzen. All dies ist primär auf das grundlegende und wesentliche des ganzen Systems gerichtet: auf das Rückgrat. Es gilt, die Wirbelsäule in ganzer Länge zu befreien, zu strecken, auszubalancieren und zu mobilisieren. Alexander hat seine Lehren in diesen drei praktischen Hinweisen konkretisiert:

„(1) Hals frei: Egal, was du tust, achte darauf, nicht die Muskelanspannung des Halses zu erhöhen.
(2) Erhobenen Hauptes: Lass den Kopf nach vorne und nach oben gehen. Bedeutet lediglich, dass du darauf achtest, die Nackenmuskeln nicht durch Zurückziehen oder Senken des Kopfes anzuspannen.
(3) Rumpf strecken und dehnen: das bedeutet nichts weiter, als dass du darauf achtest, den Rücken nicht durch Krümmen der Wirbelsäule zu verkürzen." (aus: „Introduction to The Alexander Technique", Edward Maisel, S. XXIII). Und er fügte neckend hinzu, dass diese drei Anleitungen „alle zusammen eine nach der anderen (!!!)" ausgeführt werden müssen.

Ich weise darauf hin, dass es nicht meine Absicht ist, hier eine Abhandlung über die Alexander-Methode zu präsentieren. Dazu braucht man Bücher und Lehrer und Zeit. Aber ich wollte sie kurz erwähnen, als parallele Bestätigung von vielem, was ich hier gesagt habe, und als willkommene Gelegenheit, die Bedeutung unseres Rückgrats in unserem Leben zu betonen, das die Hauptstütze und die Achse unserer körperlichen Gesundheit und unseres integralen Wohlbefindens ist. Das ist einer der zentralen Punkte im Yoga, im Zen und im Tao, wie man weiß. Die Tatsache, dass solch unterschiedliche Lehren in diesem Punkt übereinstimmen, bestätigt die Richtigkeit dieser Schlussfolgerung. Es ist zu unserem Vorteil, unsere Aufmerksamkeit auf den am wenigsten beachteten und wesentlichsten Teil unseres Organismus zu richten: unser Rückgrat.

In Indien ist jedem bekannt, dass der Mungo und die Kobra Todfeinde sind. Der Körper des Mungos ist niedrig und langgestreckt. Die kurzen Beine halten ihn nahe dem Boden, zum besseren Riechen und zu seinem Schutz. Aber wenn er die Anwesenheit seines Feindes riecht, wenn er die Annäherung einer Kobra vermutet, dann stellt er sich auf seinen zwei kleinen Hinterbeinen unglaublich aufrecht hin. Der Körper ist in der Senkrechten und der Kopf dreht sich wie ein Periskop, um den nahenden Angriff zu erspähen. In diesem Bild, das sich tausendmal auf den Feldern während des Monsuns wiederholt, ist eine wichtige anthropologische Lektion für uns enthalten. Der Mungo richtet sich auf, um den Horizont nach Gefahr abzusuchen. Sein auf die Horizontale ausgerichteter Organismus, wie dies bei den meisten Tieren der Fall ist, würde eine ständige aufrechte Haltung nicht zulassen. Aber im Notfall, wenn drohende Gefahr dies erfordert, kann er für einige Augenblicke seine Wirbelsäule aufrichten und sich von diesem Aussichtspunkt aus einen Vorteil verschaffen. Auch in prähistorischen Zeiten besaßen die Menschen schon Intelligenz und Phantasie. Sie waren sich, mehr als alle Tiere, der Gefahren bewusst, die ihrer verletzlichen Fragilität von allen Seiten drohte. Das brachte sie dazu, aufrecht zu stehen, nicht nur für ganz kurze Zeit, wie der lebhafte Mungo, sondern über immer längere Zeitspannen, bis diese Haltung zur Gewohnheit wurde. Furcht war der Auslöser, der dazu geführt hat, dass die Menschen sich aufrichten, und hat dadurch unser Überleben im Dschungel gesichert. Aber wir haben einen hohen Preis für unsere Sicherheit gezahlt. Unsere Wirbelsäule war ursprünglich nicht für das aufrechte Stehen bestimmt, und als sie sich in die Senkrechte erheben und viele Stunden lang das an ihr hängende Gewicht des ganzen Körpers tragen musste, spürte sie die Last und litt darunter, wie wir aus eigener Erfahrung und der unserer Spezialkliniken nur zu gut wissen. Ich zitiere Glen Park:

> Es gibt verschiedene mögliche Gründe, mit denen sich erklären lässt, warum der zivilisierte Mensch so schlechten Gebrauch von seinem Körper macht.
> Der erste liegt in der Evolution begründet und betrifft die gesamte menschliche Rasse, als die Menschen sich noch nicht an das Aufrechtstehen auf zwei Beinen angepasst hatten.
>
> Die Wirbelsäule ist durch die Schwerkraft jetzt einem ständigen Druck ausgesetzt, etwas, das bei den vierbeinigen Tieren nicht vorkommt, deren Rückgrat in einer mehr oder weniger horizontalen Ebene ausgerichtet ist.
> Die Menschen haben es bis jetzt noch nicht gelernt, die Schwerkraft zu ihrem Vorteil einzusetzen.
> Darüber hinaus erfreuen sich die Menschen, im Gegensatz zu den meisten Tieren, eines viel längeren Lebens, und dies gibt der Wirbelsäule viel Zeit zu degenerieren.
>
> In wissenschaftlichen Untersuchungen wurde nachgewiesen, dass die menschliche Wirbelsäule viel schneller degeneriert als der Rest unseres Körpers. Man kann sagen, dass das Rückgrat im Durchschnitt zwanzig Jahre älter ist als der restliche Körper.
>
> Von diesem Gesichtspunkt aus hat die Alexander-Technik eine besondere Bedeutung in unserer Evolution, denn sie lehrt den Menschen, beim Stehen eine gute Haltung einzunehmen, und dadurch den Druck der Schwerkraft auf unsere Wirbelsäule zu kompensieren. Die Haltung soll der Wirbelsäule helfen, sich auszustrecken, anstatt in sich zusammenzufallen. (S. 22)

Die Astronauten, die einen längeren Zeitraum im Weltraumlabor Skylab verbrachten, waren bei ihrer Rückkehr auf die Erde um mehrere Millimeter größer als vor ihrem Abflug. Befreit von der Last der Schwerkraft, hatten sich ihre Körper gestreckt und an Länge gewonnen ... nur um diese nach wenigen Tagen auf der Erde wieder einzubüßen. Unsere Großeltern wussten dies bereits vor dem Zeitalter der Raumfahrt, zu jener Zeit, als es nichts

Ungewöhnliches war, aufgrund von Krankheiten, für die es noch nicht die heutigen, schnell wirkenden Medikamente gab, monatelang das Bett zu hüten. Ich erinnere mich daran, wie meine Großtante für eine ihrer Nichten, die drei Monate lang ans Bett gefesselt war, die Kleider länger machte, damit sie beim Aufstehen nicht erschrocken denken würde, die Kleider wären eingelaufen. In geringerem Maße passiert dies jede Nacht mir uns, wenn sich der Körper während der Nachtruhe in der Horizontalen ausstreckt. Frank Pierce Jones bestätigt dies:

D´Arcy Thompson sprach über die Differenz in der Größe eines Menschen am Morgen und am Abend. Der Unterschied, oft beobachtet, kann bis zu drei Zentimeter und mehr betragen.
In den 30er Jahren maß der Budapester Arzt Dr. DePucky die Größe von 1.216 Personen im Alter von fünf bis 90 Jahren unmittelbar, bevor sie abends zu Bett gingen, und direkt nach dem Aufstehen am Morgen.
Im Durchschnitt betrug die Längenzunahme zwischen Abend und Morgen 1,6 cm, ungefähr 1 Prozent der Körpergröße.
(S. 141)

Der wesentliche Faktor, verantwortlich für die Differenz, ist der Unterschied in Form und Größe der Bandscheiben, die während des Tages Flüssigkeit verlieren, die sie nachts, während der horizontalen Entspannung im Bett, wieder aufnehmen. Dr. DePucky zitiert einen Kollegen, Dr. Junghanns, der 1.142 Wirbelsäulen post mortem sezierte und das Verhältnis zwischen der Dicke der Bandscheiben und der Dicke der Wirbel von Menschen unterschiedlichen Alters maß. Er fand heraus, dass bei der Geburt die Dicke der Bandscheibe mit der des Wirbels ungefähr übereinstimmt, während sie ab dem 60. Lebensjahr nur noch ein Viertel beträgt. Diese Untersuchung ist ein wenig grausig, nicht nur in ihrer Durchführung, sondern auch im Ergebnis. Schwerkraft ist buchstäblich erdrückend. Dadurch gewinnt das mittägliche Ritual der „Siesta", des Mittagsschlafs, an Bedeutung, in der die ermüdete Wirbelsäule sich zwischen Zeiten hektischen Drucks während des Tagesablaufs erholen kann und in paralleler Nähe zur Mutter Erde ihre Länge und Biegsamkeit wiedererlangt.

Jetzt kommt eine kleine Warnung: Das Hochhalten des Kopfes und die Entlastung des Rückens werden nicht durch heftige gymnastische Übungen oder Gewaltanstrengung erreicht. Alexander sagt ganz richtig: „Eine mit Gewalt erzielte richtige Haltung ist eine falsche Haltung." Einer seiner Anhänger, Wilfred Barrow, erzählt folgende Anekdote: Ein Patient, ein berühmter Pianist, dessen Namen er nicht preisgibt, litt bei seinen häufigen Flugreisen immer wieder unter Reiseübelkeit. Einmal, während eines Fluges von Amsterdam nach London, wurde ihm schlecht und er nahm die von der Fluggesellschaft sinnvollerweise bereitgestellte Papiertüte, führte sie zum Mund und war auf das Schlimmste gefasst. Plötzlich wurde ihm bewusst, wie unangenehm sein Erbrechen für den Nachbarn sein müsste und er wandte sich deshalb mit einer Entschuldigung an ihn. Der Passagier antwortete: „Es macht mir nichts aus, wenn Sie luftkrank sind, tun Sie, was Sie tun müssen, aber ich wäre Ihnen verbunden, wenn Sie nicht dauernd wiederholen würden ‚den Kopf hoch und nach vorn, den Rücken gestreckt und gedehnt; den Kopf hoch und nach vorn, den Rücken gestreckt und gedehnt', sonst wird mir auch noch schlecht!"

Mein Lehrer dieser Technik, John S. Hunter, erzählte mir die Geschichte eines Klienten, der auf dem Weg zu seinem Kurs über die Alexander-Technik auf seine Weise die Hauptanweisung bezüglich der Haltung des Kopfes und des Nackens übte, als er einen Freund traf, der aus der entgegengesetzten Richtung kam. Dieser schaute ihn an und sagte: „Was ist heute los mit dir? Hast du einen steifen Hals?"
Wie ich schon sagte, wenn wir Dinge erzwingen wollen, erreichen wir gar nichts. Der richtige Weg ist, zu erkennen, wahrzunehmen, bewusst zu sein, seine Wünsche zu artikulieren, zu visualisieren, sanft und stetig zu üben und sich nach der richtigen

Anleitung und Atmosphäre umzusehen, um das gewünschte Ziel zu erreichen. Lernen hört nie auf. Es geht nicht darum, unseren Kopf wohl oder Übel nach oben zu „stoßen", sondern ihn nach oben „gehen zu lassen", wann und wie er es will. Das ist der Trick. Jemand hat diesen Unterschied verglichen mit dem verzweifelten Durchsuchen eines Zimmers nach einem verlorenen Objekt und dem Aufräumen des Zimmers. Das letztere benötigt mehr Zeit, wird aber mit größerer Ruhe durchgeführt, kommt dem Raum zugute, findet versteckte Ecken und schließlich das verlorene Stück.

Das letzte Beispiel illustriert ein weiteres Prinzip Alexanders, das wunderbar in dieses Buch passt. Das ist die wichtige Unterscheidung zwischen dem „*was* ich erreichen will" und dem „*wodurch*". Das Ziel in dem vorangegangenen Beispiel war, ein vermisstes Ding wiederzufinden. Normalerweise stürzen wir uns ganz irrational in die Suche und halten nicht inne, um erst einmal zu überlegen, wie wir am Besten unser Ziel erreichen können. In diesem Fall wäre die Lösung nicht unbedingt das unüberlegte Suchen, sondern in Ruhe das Zimmer aufzuräumen. Wenn wir auf das Ziel losstürzen, verlieren wir den Kontakt zur Gegenwart, wir ignorieren Alternativen, mehren unsere Anstrengungen, und oft schießen wir am Ziel vorbei. Das „Ziel" ist eine Projektion auf die Zukunft, während die „Mittel" eine Realität der Gegenwart sind, und das sollte genügen, um die praktische Bedeutung dieses Prinzips zu erkennen.

Wenn wir auf etwas losstürzen, schaffen wir traurigerweise ein Ungleichgewicht zwischen den Mitteln, die wir einsetzen, und dem Ziel, das wir erreichen wollen. Wir brauchen uns nur ein paar alltägliche Beispiele vor Augen zu führen. Wenn wir mit dem Bleistift auf einem Schreibblock schreiben, dann drückt sich dies bis zu zehn Seiten tief durch (Detektive wissen dies und entdecken die geheime Botschaft auf dem Blatt unter der abgerissenen Seite - und lösen so den Kriminalfall); wenn wir einen Stuhl hochheben, entwickeln wir oft eine Kraft, mit der wir zehn Stühle heben könnten; wenn wir unsere Zähne putzen, hat es den Anschein, als würden wir einen Baumstamm bürsten; wenn das Telefon klingelt, springen wir auf, als wäre es ein Feueralarm. Wir schaffen unnötige Spannungen und vergeuden wertvolle Energie bei kleinsten Aufgaben. Das lässt sich alles leicht erkennen, aber nur schwer korrigieren, denn unsere verdrehten Gewohnheiten haben sich in die Tiefen unseres Seins eingebrannt. Das Resultat ist, dass das, was uns gut tun sollte, wie zum Beispiel die korrekte Haltung, uns aufgrund unserer schlechten Gewohnheit unangenehm ist. Das Gegenteil davon, also eine fehlerhafte und schädliche Haltung, mag uns angenehm sein, da wir die ursprüngliche gesunde Abwehrreaktion gegen Fehler durch Deformierung verloren haben. Alexander selbst berichtet von einer interessanten Begebenheit. Der „Schreiber" in dieser Erzählung ist Alexander selbst.

Ein kleines Mädchen, das seit einigen Jahren nicht mehr richtig laufen konnte, wurde dem Schreiber vorgestellt, um Defekte im Gebrauch der psycho-physischen Mechanismen zu diagnostizieren, die für ihren mehr oder weniger verkrüppelten Zustand verantwortlich waren. Als die Diagnose feststand, wurde nach der ersten erfolgreichen Therapie, die sofort an Ort und Stelle stattfand, um eine Demonstration vor den Anwesenden gebeten. Auch sie verlief erfolgreich.
Fürs Erste war der Körper des Kindes verhältnismäßig gerade, das heißt, ohne die extremen Verkrümmungen und Verdrehungen, die so offensichtlich waren, als das Kind ins Zimmer kam. Nach der Therapie schaute das kleine Mädchen seine Mutter an und sagte: „Oh, Mami, er hat meinen ganzen Körper völlig aus der Form gebracht!"
(*The Alexander Technique*, S. 17)

Dazu passt die Geschichte des überarbeiteten, neurotischen Patienten, der sagte: „Ich bin so daran gewöhnt, gestresst und unter Spannung zu sein, dass ich sofort nervös werde, wenn ich entspanne!" Um Entspannung zu lernen, muss man mit Entspannung beginnen. Und ich weiß, wovon ich rede.

14. MEDITATION ÜBER MEINE HÄNDE

Als junger, angehender Jesuit befand ich mich in einem abgelegenen Kloster im Norden Spaniens. Eines Tages verrichteten wir unter der fachkundigen und liebevollen Aufsicht eines älteren Bruders Zimmermann, der unser Ausbilder war, manuelle Arbeiten. Mit einem unhandlichen Hammer attackierte einer meiner Gefährten mit verzweifelten Schlägen einen widerspenstigen Nagel. Bruder Zimmermann, dessen Berufung das Priesteramt nicht einschloss, der aber alle zukünftigen Priester unter seiner Obhut aus dem Glauben respektierte und liebevoll betreute, sagte ihm mit sanfter Autorität und tiefem Gefühl: „Pass auf deine Hände auf, Bruder, pass auf deine Hände auf. Tu ihnen nicht weh. Es sind die Hände eines künftigen Priesters."

Diese Worte des guten Bruders Zimmermann blieben mir im Gedächtnis, nicht nur wegen der Wärme und Zärtlichkeit, mit der er sie sagte, sondern auch, weil dieser liebe Gefährte kurz darauf starb - das Opfer eines Sonnenstiches in den Bergzügen von Kastilien. Er hat die Priesterweihe nie erreicht, aber als Jahre später und Kontinente entfernt meine eigenen Hände auf indischem Boden mit dem heiligen Öl gesalbt wurden, schaute ich sie mir an und erinnerte mich an diese Szene. Und jene Worte des guten Bruders Zimmermann, der die angehenden Priester unterwies und mit seinen Gebeten unterstützte, klangen mir wieder in den Ohren wie eine Prophezeiung, die jetzt durch mich erfüllt wurde. Meine Hände fühlten sich schwer an durch all die Gebete, Segnungen, Hoffnungen und Versprechen, durch die Opfer vieler Menschen und meiner Verantwortung allen gegenüber. Hände zum Segnen und zum Vergeben, Hände zum Weihen und um den lebendigen Christus auf die Altäre der Erde zu bringen. Hände, die ich auf dem Kreuz des Leidens ausbreite, um das Leid der Menschheit zu tragen.

Die Hände eines Priesters, wie auch die aller anderen, sind heilig. Sie sind Ausdruck unserer Persönlichkeit, Boten unserer Gefühle, Handwerker unserer Arbeit, Worte in Fleisch und Haut, lebendige Gelenke, abwehrbereite Klauen, liebkosende Zärtlichkeit. Sie sind all das, was wir in unserem Tun sind, unserem Fühlen und unserem Leben. „Hand" heißt im Sanskrit „kar", daher kommt „Karma", welches die Gesamtheit des Handelns eines Menschen vor dem Gericht Gottes bedeutet. Unsere Hände sind unser Leben.

Als ich mir Themen für meine wöchentliche Kolumne in der Zeitung überlegte, die ich jahrelang auf Gujarati schrieb, da fiel mir diese Erfahrung ein und ich wandte sie auf die Studenten der medizinischen Hochschule an – die Priester und Priesterinnen des menschlichen Körpers. Mir waren Klagen zu Ohren gekommen, dass die Medizinstudenten, junge Männer und Frauen, welche die ersten sein sollten, die körperliche Würde eines Menschen zu respektieren, sich, verleitet durch ihre Vertrautheit mit der Physiologie, genau gegenteilig verhielten und dass sie die ersten waren, die bei gewissen Themen und in Situationen Anstand und Etikette vermissen ließen, bei denen Menschen besonderen Takt und Einfühlungsvermögen walten lassen müssten. Dieses Missverhalten führte zu peinlichen Kränkungen, unvermeidbar vielleicht unter jungen Menschen, aber eines guten Mediziners unwürdig. Ich setzte einen Artikel auf, in dem ich meine Erinnerung wiedergab, und wandte mich dann direkt an diese jungen Studenten: Passt auf eure Hände auf. Es sind die Hände künftiger Ärzte. Eure Hände werden die ersten sein, die ein neugeborenes Kind willkommen heißen, sein erster Kontakt in dieser schwierigen Welt, die es gerade betritt. Und eure Hände sind die letzten, die im Abschied einen müden alten Menschen berühren, die als letzte „Gute Reise" wünschen. Haltet eure Hände sauber. An der Unschuld eurer Hände hängt die Gesundheit der Gesellschaft als Ganzes. Wie sorgfältig wascht ihr immer wieder eure Hände vor einem chirurgischen Eingriff! Und ihr tut gut daran, eure Berührungen rein zu halten. Lasst euch durch dieses körperliche Waschen nun auch an die moralische Sauberkeit erinnern. Liebe junge Männer und Frauen, passt auf eure Hände auf, sie sind eure Mission und euer Leben.

Jeder reagiert stark auf ein Thema, das uns alle berührt. Der Herausgeber der Zeitung hob den Artikel hervor, indem er ihn auf der letzten Seite in Rot abdruckte. Der Dekan der medizinischen Hochschule, der mich noch nicht einmal kannte, las den Artikel, schnitt ihn aus und heftete ihn an das Schwarze Brett. Ich wurde eingeladen, vor den Studenten eine Rede zu halten. Noch eine ganze Weile lang trafen Briefe und Besucher ein, da die heranwachsenden jungen Männer und Frauen über ihre Erfahrungen reden und ihre Hände finden wollten. Jedem hilft es, sich seiner Hände bewusst zu sein. Wir haben sie lange genug vergessen!

Bei mir war es nicht nur Vergesslichkeit, sondern ein ausgesprochenes Vorurteil gegenüber meinen Händen. In meiner Ausbildung als Jesuit, die ich in vielen Punkten respektiere, aber auch in manchen kritisiere, wurde ich von Anfang an in einem gewissen Misstrauen und in Ablehnung gegenüber physischer Berührung geschult. Unsere berühmte Regel 32, die es noch immer irgendwo, gehörig narkotisiert, geben muss und die nach Aussage meiner Lehrer strikte Verhaltensnorm und absolut einzuhaltender Gehorsamstest war, besagt buchstäblich: „Niemand berührt einen anderen, noch nicht einmal im Spaß, es sei denn in brüderlicher Umarmung beim Antritt einer Reise oder bei der Heimkehr." Berührung war verboten und verdammt. Und speziell die Hände, die bevorzugten Werkzeuge körperlicher Berührung, wurden ständig misstrauisch beobachtet, in Furcht vor Hochverrat. Ich hielt mich streng an die Regel, dadurch verurteilt zu lebenslänglicher taktiler Unterdrückung. Im Namen der Tugend werden traurigerweise jedem von uns im Leben heroische Taten abverlangt.

Aber das Rad des Lebens dreht und dreht sich, und wir wissen nie, wohin es uns bringen wird. Eine Erfahrung, die mich für den Rest meine Lebens geprägt hat, war ein gruppendynamisches Seminar einzig und allein für die Jesuiten des St. Xavier´s College in Ahmedabad unter der Leitung von zwei Hindu-Psychologen. Beide waren Agnostiker, aber in Vorbereitung des Seminars studierten sie wie eifrige Novizen die vom hl. Ignatius von Loyola geschriebene Satzung der Gesellschaft Jesu. Als wir in der einladenden Einsamkeit des Mount Abu in Rajasthan zusammenkamen, kannten sie unsere Gebräuche und Terminologie genauso gut wie wir. Einer von ihnen, Tarun Sheth, dem ich mein Leben lang dafür dankbar sein werde, dass er mich in jenen Tagen aufgerüttelt hat, hatte die Gabe, jede Person und jede Situation klar zu erfassen, und er ging zielgerichtet und mit beunruhigender Effektivität vor. Eines Tages sagte er im Beisein der Gruppe zu mir: „Ich bemerke an dir eine gewisse Schwierigkeit, ganz allgemein auf Menschen zuzugehen." Ich antwortete, ich wäre bereit an jedweder Abhilfe mitzuarbeiten, die er vorschlagen würde. Er fragte mich geradeheraus: „Fasst du Menschen an?" „Nie!" antwortete ich stolz. Meine Ausbildung, meine Ergebenheit, mein Komplex, meine Einhaltung der Regel 32 brandeten kraftvoll in mir hoch und diktierten diese hochnäsige Antwort. Wer war er, ein agnostischer Psychologe, dass er meine geschätzten heiligen Regeln hätte verstehen können? Tarun hörte mir unbeeindruckt zu und fügte ruhig hinzu: „Dann fang damit an." Mein Schutzwall begann zu bröckeln. Ich glaube, Tarun kannte die Regel 32, und er kannte auch mich mittlerweile gut und stellte mir bewusst diese Falle. Der Trick funktionierte. Seitdem habe ich das Versäumte nachgeholt und die Regel gebrochen. Wie einer meiner gewitzten Gefährten, ein französischer Jesuit, schlagfertig und schockierend freimütig zu sagen pflegte: „Unsere Regeln sind sehr nützlich - wenn man sie zu brechen versteht."

Einmal, zu Beginn eines neuen akademischen Jahres am College, sprach ich mit einem jungen Mann, der sein Studium gerade begonnen hatte. Ich bemerkte, dass er schüchtern war und legte meine Hand auf seine Schulter (wie ich es früher nie getan hätte), um sein Vertrauen zu gewinnen. Er blieb still, ganz still.

Ich schaute ihm ins Gesicht und sah, dass er weinte. Was war geschehen? Der Junge gehörte zu einer Kaste, deren Berührung als unrein galt, den „Unberührbaren". Und hier war der große, weiße Professor und legte ihm liebevoll die Hand auf die Schulter. Diese neue Erfahrung traf ihn bis ins Mark und brachte Tränen in seine Augen. Körperliche Begegnung, menschliche Berührung, sakramentale Heilung. Wir wurden gute Freunde. Danke, Tarun.

Ein anderes Mal, immer noch in jenen herrlichen Anfangszeiten, bat mich ein Mädchen meiner Klasse um eine private Unterredung. Ich begann zu zittern. Ich hatte eben erst die schützende, heilige Umgebung des Klosters verlassen und mich noch nie mit einer Frau von Angesicht zu Angesicht getroffen. Und was alles noch schlimmer machte: sie gehörte zu einer der vornehmsten Familien der Stadt, und so sah sie auch aus. Sie war groß, intelligent, elegant, schön. In meiner Klasse saß sie immer in der ersten Reihe, und ich musste all meine asketischen Ressourcen aufbringen, um nicht abgelenkt zu sein und um meine mathematischen Gleichungen an der Tafel nicht durcheinander zu bringen. Und jetzt bat sie mich um eine private Unterredung. Ich konnte das kaum ablehnen. Sie kam in einem Sari, schlicht und doch elegant, mit kleinen himmelblauen Blumen auf weißem Grund. Wir standen uns kurz gegenüber, nicht wissend, wie wir uns begrüßen sollten. Sie löste das Problem mit jener schönen, anmutigen, jahrhundertealten indischen Geste, die Tradition ausdrückt, Respekt, Vertrauen und gute Manieren. Sie beugte sich langsam nieder und berührte mit der ausgestreckten rechten Hand die Spitzen meiner Zehen, brachte „den Staub von meinen Füßen" an ihre Stirn und bat mich durch Zeigen ihrer Wertschätzung um meinen Segen. Ich kannte diesen Ritus und wusste, was jetzt von mir erwartet wurde. Während sie sich langsam aufrichtete, erwartete sie, meine ausgestreckte Hand zu spüren, wie sie sanft auf ihrem Kopf ruht und dort für einige Augenblicke verbleibt als Ausdruck und Instrument des Segens, um den sie gebeten hatte und den ich ihr gerne geben wollte. Es gibt keine Segnung ohne Berührung. Und so geschah es dann auch. Meine Hand war da, ausgestreckt in einer Geste des Willkommens, der Zuneigung und des Gebetes, mit bestimmter Zartheit das Beste in mir mit dem Besten in ihr verbindend. Dieser Moment heiligte das Interview. Diese erste Berührung löste alle Befürchtungen. Die Begegnung war für uns beide äußerst befriedigend. Dies geschah vor vielen Jahren. Noch immer bin ich mit dieser Studentin, jetzt glücklich verheiratet und mit Familie, freundschaftlich verbunden und wir teilen unsere Erinnerung an vergangene Zeiten. Wenn wir uns treffen, beugt sie sich immer noch herunter, um den Staub von meinen Füßen zu nehmen, und ich segne sie immer noch wie an jenem ersten Tag. Der Sari ist ein anderer, aber ihr Lächeln ist unverändert. (Ich traf sie letzte Woche. Sie weiß immer noch nichts von meiner Verwirrung bei unserer ersten Begegnung.)

Einmal wurde ich während meines Mathematikunterrichts ohnmächtig. Das war kein Trick, um mich vor einem Problem, das ich nicht lösen konnte, zu drücken, es war echt. Übermäßig viel Arbeit, eine Klasse nach der anderen und unerträgliche Hitze ließen mich eines Tages der vollen Länge nach (die beträchtlich ist) auf dem Podium zusammenklappen, immer noch mit dem Stück Kreide in der Hand, vor 110 Studenten, die nicht wussten, was sie mit einem gefallenen Lehrer anfangen sollten. Sie waren erst erstarrt, dann rannten sie los, riefen um Hilfe, brachten mich in mein Zimmer und riefen den Arzt, der auch sofort kam und mir sagte, ich solle ausruhen. Dann verließen alle, einer nach dem anderen, still das Zimmer. Alle bis auf einen. Einer meiner Studenten, der sich während der Aufregung im Hintergrund gehalten hatte, kam näher, als alle anderen gegangen waren, nahm einen Stuhl, setzte sich an mein Bett, sah mich an, lächelte wortlos und nahm einfach meine Hand in die seine. Das war alles. Ich war schwach, fühlte mich erledigt, einfach müde und erschrocken über den plötzlichen Anfall von was immer das gewesen sein mag, aber da, in meiner Hand, fühlte ich die wohltuende Wärme der freundlichen Hand, die die meine berührte. Die Wolke zog vorbei und noch an demselben Tag kehrte ich unter dem jubelnden Beifall meiner Studenten, die mich willkommen hießen, in das Klassenzimmer zurück. Aber tief in meinem Gedächtnis und in meinem Gefühl der Dankbarkeit lebt die Erinnerung an die Hand, die in einem Moment des Schmerzes die meine hielt. Ich verrate Ihnen ein Geheimnis: Jener Student war ein junger Jesuit, der heute mein bester Freund ist. So werden Freundschaften geboren.

Ist Ihnen schon einmal aufgefallen, welche Macht Erinnerungen an Berührungen haben? Schon bei der bloßen Erwähnung nehmen sie an Stärke zu. Erinnerungen an Berührungen gehen tiefer, dauern länger, bleiben lebendiger als Erinnerungen unserer anderen Sinne. Mit den Erinnerungen meines Tastsinns könnte ich ein ganzes Buch füllen; die Geschichte meiner Hände. Immerhin sind sie es, die schreiben, den Stift führen, die in diesem Moment auf der Tastatur der elektrischen Schreibmaschine R530 von Panasonic tanzen, mit deren effizienter Hilfe ich dieses Buch schreibe. Hände, die Melodien von Mozart und Chopin auf dem Klavier gespielt haben, die sich in Rhetorikkursen in der Begleitung von Stimme und Ausdruck geübt haben, die im Tai Chi ihre Regenbogenfinger für das geheime Fließen von Yin und Yang durch die lebendigen Meridiane des Lebens geöffnet haben, die die Baoding Eisenkugeln liebkost haben, um die Individualität eines jeden Nervenendpunktes auf der unebenen Oberfläche des Handinneren neu zu beleben. Dürer verewigte seine Hände als Kupferstich, persönliche und universale Kunst. Mauritius Escher zeichnete seine rechte und linke Hand, eine die andere skizzierend, als ein zyklisches und verschlungenes Symbol des ewigen Rhythmus' der Schöpfung. Der Dichter Peman nannte sie:

Zärtlichkeiten vergangener Zeiten,
Friedenstauben und Kraftausbrüche,
Melodien ungesungener Reime,
die Hände eines jeden im Flug.

Wie jedermanns Hände, so möchte ich auch meine eigenen Hände lieben und schätzen, möchte den Puls des Lebens fühlen, ihre zarte Anatomie streicheln, ihre überraschenden Reaktionen auslösen, mich an der Sensibilität ihres lebhaften Profils erfreuen. Die spontane und unerwartete Aussage eines mir fremden Menschen half mir, meine Hände wiederzuentdecken. Am Ende eines arbeitsreichen Seminars in Los Angeles mit einer großen Teilnehmerzahl machten wir eine letzte Frage-und-Antwort Aktion. Viele hatten die Hände erhoben, Stimmen übertönten sich gegenseitig, und ich versuchte, mir Gehör zu verschaffen, um irgendwie die in den letzten Minuten wie Kraut und Rüben emporschießenden Zweifel, Vorschläge, Einwände und Fragen zu beantworten. Einer Frau gelang es schließlich, in der erregten Halle die Aufmerksamkeit aller zu erreichen, indem sie die Hand hob und mit einer Geste die Atmosphäre beruhigte. Sie wandte sich an mich und sagte: „Ich will Ihnen keine Frage stellen und auch kein Missverständnis klären. Ich möchte Ihnen nur eins sagen, bevor Sie gehen, und ich möchte, dass Sie mich hören. Pater, ich liebe ihre Hände!" Ich schaute sie an, schaute auf meine Hände und verstand blitzartig, was sie meinte, und Tränen traten mir in die Augen. Das Seminar war vorbei. Dadurch, dass ich mir der Macht meiner Hände bewusst geworden bin, setze ich sie beim Sprechen und Gestikulieren nun wieder mit Bedacht ein. Ich möchte jede Bewegung fühlen, jede Bewegung soll Sinn machen, jede Bewegung soll aus der Ganzheit meines Seins in die Ganzheit meines Ausdrucks gehen. Meine Hände sollen immer Verlängerung meiner Gedanken sein und niemals aufgeblasene Marionetten, die sich zur Schau stellen.

In seiner Autobiographie beschrieb Ravishankar Rawal, Kunstdekan in Gujarat, das Gefühl, das in ihm ausgelöst wurde, als der Hindu-Priester seine Hand mit der seiner Braut in der uralten Zeremonie des „Hastamelap" bei der Hochzeit zusammenführte und er den ersten physischen Kontakt mit der Frau erlebte, die von dem Moment an und für immer seine Ehefrau sein würde. Die jungfräuliche Berührung als Höhepunkt des Rituals, in Gegenwart seiner Eltern und angesichts des Feuers auf dem geheiligten Altar, ergriff seinen ganzen Körper und weihte ihn für immer der wahren Treue. Ich las sein Buch, sprach mit ihm darüber und erfuhr später aus anderen Niederschriften von ähnlichen Erfahrungen anderer Menschen. All das inspirierte mich dazu, ein Buch über die Eheschließung zu schreiben, worin ich aus der Liturgie einer Hindu-Hochzeit in Indien moralische Lehren zog. Ich hatte gerade das Buch beendet und zum Druck gesandt, als ich zu einer Hochzeit eingeladen wurde und dabei einer Zeremonie begegnete, die ich noch nie zuvor bei einer Heirat erlebt hatte. Man nennt sie „Thapa". Sie ist das letzte Lebewohl der frisch vermählten Braut an ihr Elternhaus. Ich erlebte diesen Ritus nach dem Feuer, den Opfergaben, dem Binden des Knotens, den sieben Schritten rund um das Feuer und dem Segen der Eltern und Freunde.

Dieser letzte Ritus fehlte also noch. Die Hochzeit hatte stattgefunden, so, wie es die Liturgie der Hindus wunderbar vorschreibt, im Freien, vor dem Haus der Braut, und jetzt gingen alle hinein. Braut und Bräutigam setzten sich auf den Boden vor die weiße Wand neben der Ausgangstür. Es wurde kein Wort gesprochen, denn diese Zeremonie erfolgt in vollständigem Schweigen aller, wodurch das tiefe Gefühl dieses Augenblicks unterstrichen wird. Vor das frisch vermählte Paar wird eine große Kupferschüssel mit hochgezogenem Rand hingestellt, wie man sie bei Mahlzeiten verwendet. Sie wird mit Wasser gefüllt und dann ein rotes Pulver hineingestreut, bis das Wasser die heilige Farbe für den liturgischen Gebrauch angenommen hat. Dann legte die Braut ihre beiden offenen Hände mit den Handflächen nach unten auf die rote Flüssigkeit, ließ sie einen Moment lang Farbe annehmen, nahm sie dann vorsichtig heraus und presste sie fest gegen die Wand. Als sie die Hände zurücknahm, blühte deren Abdruck wie zwei rote Rosen auf der Wand. Dieses Zeichen wird für immer dort bleiben. Die Braut lebt nach ihrer Hochzeit gemeinsam mit ihrem Mann zusammen mit ihren Schwiegereltern in deren Haus. Aber hier, im Haus ihrer Eltern, auf der Wand bei der Tür, aus der man hinausgeht, befindet sich für immer unberührt und unauslöschlich die letzte Geste, das letzte Lebewohl. Die Zeichnung ihrer zarten Hände in Rot ist zugleich Erinnerung und das Versprechen, dass dieses Haus immer ihr Zuhause sein wird und ihre

Gegenwart und Liebe in dem Haus bleiben, in dem sie geboren wurde und mit ihren Eltern, Brüdern und Schwestern lebte, die ihr ganzes Leben lang ihre Familie bleiben. Unter Tränen, die nunmehr keiner zurückhalten konnte, legte dann der Bräutigam ebenfalls seine Hände auf die rote Flüssigkeit und presste sie an die Wand, neben die Abdrücke seiner Braut, und hinterließ dort seine eigenen Handabdrücke. Roter Schwur jugendlicher Treue, der ihn verpflichtet, die Frau zu beschützen, zu nähren und zu lieben, die heute ihr Elternhaus verlässt, um das größte Abenteuer ihres Lebens anzutreten. Dann stand das junge Paar auf, verabschiedete sich langsam von jedem von uns und verließ uns sanft. Nachdem sie gegangen waren, herrschte im Haus respektvolles Schweigen.

Mein Buch über die Ehe war schon im Druck, doch nach diesem tief bewegenden Erlebnis der jungen Hochzeit eilte ich zu meinem Verleger und sagte ihm: „Bitte warte noch eine Weile. Ich muss am Schluss noch ein Kapitel hinzufügen." Ich schrieb die noch frische Erfahrung in einem Stück nieder und schickte das Kapitel an den Drucker. Es gab nur ein Problem: Jedem Kapitel war eine Zeichnung als Einleitung vorangestellt, und wir hatten keine Zeichnung für dieses. Ich fand eine schnelle Lösung. Ich nahm einen Fotografen mit zu dem Haus, wo die Hochzeit stattgefunden hatte. Er machte ein Foto von der Wand, die erst kürzlich die Liebkosung der vermählten Hände erfahren hatte, und dies war dann die Illustration. Das Buch wurde gedruckt. Das liebe Paar, Arun und Shashikala, beides meine Studenten, reisten später weit weg und ließen sich in fernen Ländern nieder. Aber hier, in dem kleinen Haus in Ahmedabad, immer in Sicht ihrer betagten Eltern, befindet sich in Weiß und Rot, etwas matt mit der Zeit, aber immer noch gut sichtbar, das geliebte Andenken an die Tochter, die das Haus verlassen hat. Hände, die sprechen, ohne zu sprechen.

Die fundamentale Rolle, die unsere Hände in unserem Leben spielen, überrascht uns nicht. Unsere Geschichte beweist das eindeutig, aber manchmal vergessen wir es. Jesus heilte Menschen, indem er sie mit seinen Händen berührte. Ob es sich um den vorbeigehenden Einzelnen handelte oder um eine ganze Vielzahl von Menschen, ob in einem privaten Heim oder auf offenen Plätzen, Jesus legte Kranken mit jedweder Krankheit seine göttlichen Hände auf - und sie waren sofort geheilt.

Als die Sonne unterging, brachten alle Leute ihre Kranken zu Jesus, Menschen mit den verschiedensten Leiden. Jedem einzelnen legte Jesus seine Hände auf und heilte ihn.
(Lukas 4,40)

Bei dem Volk Gottes im Alten Testament bedeutete das Auflegen der Hände eine Übergabe der Macht, nicht auf mechanischem Wege, sondern etwas von der Person selbst und dem Charakter des Menschen, der die Hände auflegt, geht auf den über, dem die Hände aufgelegt werden. So hat Moses seine Macht auf Joshua übertragen und damit gleichzeitig seine Fähigkeiten und seine Persönlichkeit als Stellvertreter Gottes vor seinem Volk.

Der Herr antwortete Moses: „Nimm Josua, den Sohn Nuns; ihn habe ich dazu fähig gemacht. Lass ihn vor den Priester Eleazar und die ganze Gemeinde treten und setze ihn als deinen Nachfolger ein. Leg deine Hände auf ihn und gib ihm von der Kraft, die in dir ist, damit ihm die ganze Gemeinde der Israeliten gehorcht.
(Numeri 27,18-20)

Josua, der Sohn Nuns, wurde nun Anführer der Israeliten. Er war mit Weisheit und Umsicht begabt, seit Mose ihm die Hände aufgelegt und ihn dadurch zu seinem Nachfolger eingesetzt hatte.
(Deuteronomium 34,9)

Interessanter noch ist die Weihe der ersten Leviten im Volk Gottes, wo es nicht Moses und Aaron allein sind, sondern das ganze Volk, das ihnen die Hände auflegt und so dem Priesterstamm Levi die theokratische Macht überträgt, die in dem ganzen Volk Gottes ruht. Jahwe weist Moses folgendermaßen an:

Darauf versammelst du die ganze Gemeinde der Israeliten und stellst die Leviten vor dem heiligen Zelt auf. Die Israeliten legen ihre Hände auf die Leviten und Aaron weiht sie mir als Opfergabe der Israeliten; denn sie sollen an meinem Heiligtum Dienst tun. (Numeri 8, 9-11)

Es wäre zu wünschen, dass auch in unseren Tagen in der Zeremonie der Ordination neuer Priester - Diener des Volkes Gottes - nicht nur die Bischöfe und Priester ihnen ihre Hände auflegen würden. Vielmehr sollten gemeinsam mit ihnen alle anwesenden Gläubigen den neuen Kandidaten für das Priesteramt ihre Hände auflegen, als Repräsentanten des ganzen Volkes Gottes, durch die, in levitischer Tradition, Gott Seine Macht und Seine Gnade auf Seine auserwählten Diener überträgt. Vielleicht ist durch die Verkürzung des Rituals etwas, im theologischen und praktischen Sinne, von der Bedeutung und der Reichweite priesterlicher Ordination verlorengegangen. Im Volke Gottes sind die Hände aller heilig und übertragen Heiligkeit.

An uns alle sind die Worte gerichtet, die laut dem Markus-Evangelium als die letzten Worte Jesu an seine Jünger gelten und in denen er die „Zeichen, an denen man die seinen erkennt", nennt (und die heutzutage laut unserer die Jahrhunderte hindurch geschätzten Tradition wir sind!): *„ ... und Kranke, denen sie die Hände auflegen, werden gesund!"* (Markus 16,18)

Auch wenn wir etwas von unserem Glauben und unserem Vertrauen verloren haben, die das Heilen durch gläubige Hände zu einer christlichen Realität werden ließen, so lasst uns zumindest den Respekt und die Verehrung für unsere Hände wiederfinden, so dass sie das gesegnete Instrument der Vereinigung, der Solidarität, des Dienstes aneinander und der Liebe im Volk Gottes bleiben, das heute mehr denn je gebraucht wird, um sagen zu können: *„Und meine ausgestreckten Hände, nimm sie an, wie ein Abendopfer."* (Psalm 141,2)

15. DAS DSCHUNGELKIND

Zum 500-jährigen Jubiläum von Kolumbus' Ankunft in der Neuen Welt hielt ich 1992 in Buenos Aires einen Vortrag, dessen Thema jedoch nichts mit Kolumbus zu tun hatte. Ich begann seinerzeit mit der Erklärung, dass dieser Vortrag mein bescheidener Beitrag zur Jubiläumsfeier wäre, obwohl das bis zum Schluss meiner Rede niemandem auffallen würde. (Wir Redner bedienen uns aller möglichen Tricks, um unter allen Umständen die Aufmerksamkeit unserer Zuhörer zu fesseln.) Das Thema meines Vortrags war exakt das Thema dieses Buches. Bücher entstehen aus Reden und Reden aus Büchern. Die Verbindung mit Amerika, was einige Zuhörer bereits nach der Hälfte vermuteten und am Ende meines Vortrages alle erkannten, basierte auf meiner Realisierung der Art und Weise, wie die Völker der Neuen Welt in praktischer, kultureller und religiöser Hinsicht ihr Verständnis über die Natur des Körpers, die Schärfe der Sinne, die Nähe zur Natur und die Vertrautheit mit der Mutter Erde in ihr Leben integrierten - vor der Ankunft der Konquistadoren an ihren Stränden. Sie lebten viel körperbezogener und viel erdverbundener als wir es uns je vorstellen können, und sie hatten viel früher als wir den sensorischen Reichtum des menschlichen Körpers auf Erden entdeckt und vollen Gebrauch davon gemacht. Selbst jetzt, dezimiert und durch den kolonialen Eingriff in ihre Lebensweise geschwächt, ist diese Haltung bei vielen eingeborenen Völkern immer noch echt und lebendig zu spüren. Jene glückliche existentielle Lebenseinstellung existiert und blüht weiterhin unter den Stämmen vieler Regionen des großen Kontinents. Wenn wir uns dem mit offener Demut nähern, in dem aufrichtigen und echten Bestreben, das zu entdecken, was uns alle eingeborenen Kulturen des gesamten amerikanischen Kontinentes, Nord und Süd, heute lehren könnten, kann dies zum Nutzen aller unser Leben bereichern.

Der Indianerhäuptling Sheatl (Seattle) vom Stamm der Suwamish schrieb 1854 einen Brief an den damaligen Präsidenten der Vereinigten Staaten, Franklin Pierce. Dieser hatte die Absicht, das Land jener Indianer zu „kaufen" und sie in „Reservaten" zu isolieren. In dem Brief wurde bereits damals der Kontrast zwischen dem vertrockneten Beamtentum Washingtoner Bürokraten und der lebendigen Erfahrung der Kinder der Erde deutlich:

*Wie können Sie den Himmel kaufen oder verkaufen
oder die Wärme der Erde?
Diese Vorstellung ist uns fremd.
Wir sind nicht die Besitzer der Frische der Luft oder der sprudelnden Wasser.*

*Jedes Stückchen Land ist meinem Volk heilig.
Jedes schimmernde Blatt, jeder sandige Strand,
jeder dunstige Schleier im dunklen Wald, jede Schlucht und alle Insekten darin sind heilig in der Erinnerung und der Erfahrung meines Volkes.*

Wir wissen, dass der weiße Mann unsere Art zu leben nicht versteht. Die Erde ist nicht seine Schwester, sondern sein Feind. Er behandelt die Erde, seine Mutter, und den Himmel, seinen Bruder, so als ob es Dinge wären, die gekauft, ausgeplündert und wieder verkauft werden können. Sein unstillbarer Appetit wird die Erde verschlingen und nur eine Wüste hinterlassen.

Des Eingeborenen Nähe zur Natur beruht auf seinem klaren Verständnis des eigenen Körpers, der von der Erde kommt und zur Erde zurückgeht. Dieses Körperbewusstsein bringt den weisen Eingeborenen dazu, seine Sinne zu schärfen, sein Inneres zu fühlen, dem Puls der Natur in sich selbst und um sich herum zu folgen, in einer Blutsverwandtschaft, die seinen weißen Brüdern und Schwestern abhanden gekommen ist. Das Talent der Naturmenschen, Geräusche wahrzunehmen, die Windrichtung zu bestimmen, Stürme vorherzusagen, Fährten zu folgen, den Horizont abzusuchen, Neuigkeiten zu spüren und Ereignisse zu wissen, ohne eine spezielle Benachrichtigung und ohne Worte, ist geradezu sprichwörtlich. Männer und Frauen verschiedener Kontinente sind bekannt dafür, dass sie sich plötzlich, ohne sichtbaren Anlass, auf die Reise zu einem entfernten Ort begeben, nur weil sie auf geheimnisvolle Weise in ihrem Geist-Körper „fühlen", dass ein Verwandter oder ein Freund krank oder verstorben ist - was sich dann auch als wahr herausstellt. Hier ist ein Scherz aus „Readers Digest" (September 1981), der mit einem verschmitzten Lächeln das unheimliche Wahrnehmungsvermögen dieser noblen Menschen unterstreicht:

Ein durch die Prairie reitender Cowboy trifft auf einen Indianer, der in einer breiten Wagenspur liegt, das Ohr an den Boden gepresst.
Der Indianer sagt: „Kutsche. Zwei Pferde. Eins weiß, eins schwarz. Ein Mann kutschiert. Raucht Pfeife. Frau im blauen Kleid. Trägt einen Hut."
Cowboy: „Hast du das alles nur durch dein Horchen am Boden herausgefunden?"
Indianer: „Nein. Sie haben mich überfahren. Vor einer halben Stunde."

Ich habe meinen Händen ein ganzes Kapitel gewidmet und bin etwas traurig, dass mich nichts dazu inspiriert hat, ein weiteres über meine Füße zu schreiben. Sie sind genauso edel und notwendig und genauso Teil von uns wie unsere Hände. Und mehr noch für den Eingeborenen, der barfuss lebt, dessen Füße ihn ständig mit Mutter Erde in Kontakt halten, auf die sie sich vertrauensvoll stützen, die sie beim Gehen liebkosen und dadurch ihre tellurischen Schwingungen erhalten, so wie ein Baum durch seine Wurzeln. Menschen, die stets barfuss gegangen sind, verlieren ihr Gleichgewicht, ihre Sicherheit, ihre Persönlichkeit, wenn sie gezwungen werden, Schuhe anzuziehen. Ich kenne Fälle, in denen den Schuhen die Sohle entfernt wurde, um den Kontakt mit dem

Boden zu erhalten, und nur der obere Teil der Schuhe getragen wurde, damit den „zivilisierten" Regeln Genüge getan wurde. Die Füße müssen lebendig bleiben.

Ein traditionelles Spiel in dem Teil Indiens, in dem ich lebe, ist Kho-Kho. Zwei niedrige Pfosten werden im Abstand von 20 Metern in den Boden geschlagen. Zwischen ihnen hocken, abwechselnd in die eine oder andere Richtung ausgerichtet, die Spieler des einen Teams, während ihre Gegner, jeweils nur einer, von einem Pfosten zum anderen rennen und dabei versuchen, die hockenden Spieler, die sich nicht erheben dürfen, zu berühren, ohne ihrerseits berührt zu werden. Der Spieler, der einen anderen berührt, ruft „Kho" und der Berührte verlässt das Feld. Sobald alle draußen sind, werden die Seiten gewechselt und das Spiel fortgesetzt. Dieses Spiel ist von verwirrender Geschwindigkeit, erfordert augenblickliche Reaktionen und schwindelerregende Schnelligkeit. Schon das erste Spiel, das ich sah, hat mich fasziniert, und da bei den zwischen den Universitäten stattfindenden Turnieren jeder Professor für eine Sportart verantwortlich sein musste, wählte ich Kho-Kho (ich habe bereits gesagt, Cricket ist nichts für mich) und ich begleitete unser Team auf seiner Tour durch manche Universitätsstädte mit all seinen Siegen und Niederlagen.

Das Spiel ist so schön, so schnell und intelligent und auf elegante Weise ursprünglich, dass vorgeschlagen wurde, Kho-Kho als Vorzeigesport bei den Olympischen Spielen zu präsentieren. Die erforderlichen Schritte durch die entsprechenden Kanäle waren bereits unternommen worden, als ein unerwartetes Problem auftauchte. Das Olympische Komitee forderte, dass bei einem internationalen Wettbewerb die Spieler Schuhe tragen. Nackte Füße waren auf den Fernsehschirmen nicht erlaubt. Unsere Jungs übten mit Schuhen, aber es brachte nichts. Sie verloren den wichtigen Kontakt mit dem Boden, sie verloren ihren Instinkt, ihr Gespür, ihre Kraft. Sie mussten aufgeben. Das internationale Publikum wird das intelligente Zusammenspiel unserer jungen Sportler nicht zu sehen bekommen. Und jetzt weiß ich auch, warum ich mich nicht inspiriert fühlte, eine Abhandlung über meine Füße zu schreiben: Ich trage Schuhe. Ich liebe euch, meine lieben Füße, und bedaure, dass ich den Kontakt zu euch verloren habe.

Anthropologen erzählen uns, dass der primitive Mensch nicht deshalb begonnen hat, sich zu bekleiden, um sich vor der Kälte zu schützen, sondern aus rituellen und totemistischen Gründen. Die Kälte hat ihnen nichts ausgemacht. Der menschliche Körper passt sich ohne weiteres dem Klima an, in dem schon seine Vorfahren gelebt haben, wenn man ihn seinen eigenen, weisen Entscheidungen überlässt. Die damaligen Menschen benutzten nur einige Federn, Ornamente und Körperbemalungen, aber gewöhnlich keine Kleidung. Noch einmal, die Kleidung isoliert den Körper von der Umwelt, unterbricht den Kontakt mit der Natur, trübt die Sinne, betäubt die Haut, erstickt das Leben. Wir haben Kleidung künstlich zu einer Vorschrift, einem Zwang gemacht, aus Gründen der Moral, des Schamgefühls (obwohl, wenn wir uns die heutige Mode anschauen, man manchmal daran zweifeln kann), der Gewohnheit und des Konsums. Und dabei haben wir unsere urzeitliche Unschuld und unsere Nabelschnurverbindung mit Mutter Natur verloren. Ein Schulkamerad hat mich kürzlich daran erinnert, dass wir in unseren jungen Jahren im kalten, winterlichen Klima Nordspaniens in unserer Unterkunft keine Heizung hatten und uns mit eisig kaltem Wasser geduscht haben. Es hat uns nichts ausgemacht. Jetzt höre ich, dass in derselben Region an einem Wintertag die Schule geschlossen und die Kinder nach Hause geschickt wurden, weil die Zentralheizung ausgefallen war - und sie die Kälte nicht ertragen hätten. Die britischen Offiziere, die in der Kolonialzeit nach Indien kamen, haben der Hitze getrotzt und in stoischer Etikette ihre gestärkten Uniformen getragen. Die heutigen ausländischen Touristen, die uns in Indien besuchen, können ohne Hotel mit Klimaanlage nicht überleben. Schützen wir unseren Körper - oder verhätscheln wir ihn?

Es gibt Fotos aus dem Jahr 1940 von den Ureinwohnern Patagoniens (Südchile, nahe bei Feuerland und der Magellanstrasse), die zeigen, wie diese noch zu dieser Zeit splitternackt und gesund in einem beinahe polaren Klima lebten. Mitfühlende Besucher aus wärmeren Regionen organisierten bald die Lieferung von Kleidern aus zweiter Hand (eigentlich von „zweiten Körpern") und überredeten die Patagonier - mit der typischen fehlgeleiteten Philanthropie voll gutem Willen und verheerender Resultate - diese Kleidung anzuziehen. Die ungebetene Wohltätigkeit hatte tragische Konsequenzen. In der gebrauchten Kleidung waren fremde Krankheitserreger, gegen die der jungfräuliche Organismus der Eingeborenen keine Abwehr hatte, und die ganze Gruppe starb innerhalb kurzer Zeit. Wohltaten, die töten.

Ich erzähle das alles nicht nur, um die Vergangenheit zu kritisieren, sondern um Hoffnungen für die Zukunft zu wecken. Zu unserem großen Trost und unserer Freude (und hier kommt meine private 500-Jahrfeier der Entdeckung Amerikas durch Kolumbus) existiert diese authentische Naturkultur in der Tradition und im Geist noch heute, in unseren Tagen, und wir können sie zu der unsrigen machen, wenn wir nur wollen. Dies ist ein richtiger Schatz, größer als alle materiellen Schätze aus Gold und Silber der Alten und der Neuen Welt. Die Naturkultur ist immer noch lebendig und pulsierend in jenen abgelegenen Gegenden bei den glücklichen Menschen, von denen wir in freudvoller Demut die Lektionen des Lebens lernen können, die in ihnen wahre Größe hervorgebracht haben. Sie können uns helfen, aus der wahnsinnigen Krise, bestehend aus Schnelligkeit, Geld, Gewalt und Verzweiflung, die unser Wohlergehen und unsere Existenz in unserer „kultivierten" Gesellschaft bedroht, herauszukommen. Die Lebensweisen aus der ungetrübten Vergangenheit können unsere Lebensart in der gequälten Gegenwart verbessern.

In christlich-theologischen Kreisen wurde eine Redewendung geprägt, die eine Vision zusammenfasst und einen neuen Weg für ein besseres Verständnis und eine Vertiefung des ewigen Evangeliums öffnet: „Wir müssen uns von den Armen evangelisieren lassen." In dem gleichen Geist und mit entsprechender Bescheidenheit erlaube ich mir, dieser willkommenen Mission eine konkrete Dimension hinzuzufügen: Wir täten gut daran, uns von den Eingeborenen evangelisieren zu lassen. Diese ursprünglichen Menschen können uns viel lehren in ihrer Einfachheit und ihrer Spontaneität, mit ihrer Unschuld, mit der sie aller unterdrückender Kultiviertheit begegnen, mit ihrer Nähe zur Natur, ihrem Verständnis des Körpers, ihrer Schulung der Sinne. Auf diesem Gebiet bin ich kein Experte, sondern nur eifriger Student. Mit der Einstellung demütiger Bereitschaft und offener Neugier möchte ich einige Beispiele aus der Gegenwart zitieren, um eine Brücke zu bilden zu jenen alten Kulturen, die für uns ganz neu sein und uns deshalb helfen können, die verdrehten Knoten unserer sorgenvollen Existenz zu lösen und die Einfachheit und Reinheit unserer Vorfahren in ihrer ursprünglichen Unschuld wiederzuentdecken. Die folgenden Abschnitte habe ich dem bereits erwähnten Buch „Janajpacha" entnommen:

„Mami", sagte ein anderes Dschungelkind, als es nach Hause kam, und streckte seine rechte Hand aus, „Sieh mal, sie haben mir dies gegeben. Sie nennen es ',Uhr'.
Was mach´ ich damit?"
„Knack Nüsse damit, mein Sohn, und heb den kleinen Edelstein darinnen auf, das ist viel wichtiger."
„Aber Mami", protestierte das Kind, „in der Stadt benutzen sie ihre Uhren nicht, um Nüsse zu knacken, sie tragen sie am Handgelenk und schauen immer wieder drauf. Warum sehen sie auf die Uhr?"

„Sohn", sagte die Mutter, „die Menschen in der Stadt leben nicht wie wir. Großvater hat mir erst kürzlich erzählt, dass diese Leute die Uhr fragen, was sie zu tun haben und wann sie essen müssen. Sie haben einen Gott, den nennen sie ‚Zeit', der ist mit der Uhr verbunden und von dort spricht er mit ihnen und sagt ihnen, was sie tun müssen."
„Und wenn ich ihn frage, wird er mir antworten?"
„Nein, mein Sohn, die Uhr spricht nicht mit uns, da wir nicht an den Gott ‚Zeit' glauben."

Die Bemerkung, dass wir unsere Uhr fragen müssen, wann wir essen dürfen, hat mich mächtig erschüttert. Ich bin stolz darauf, immer pünktlich zu den Mahlzeiten zu erscheinen. Meine Pünktlichkeit rechtfertige ich damit, dass ich mir sage, wenn ich zu spät im klösterlichen Essraum, dem Refektorium, eintreffe, erwartet mich nur noch ein kalter Imbiss, und ich ziehe nun mal warmes Essen vor. Aber ich weiß, dass diese Entschuldigung nicht stimmt. Ich kann nicht essen, ohne meine Uhr konsultiert zu haben. Der Gott „Zeit". Täglicher Götzendienst.

„Was muss man tun, um gelangweilt zu sein?", war die amüsante Frage eines verwirrten Dschungelkindes.
„Ist es schwer zu lernen?"
Wir Eingeborene haben es noch nicht gelernt, uns zu langweilen, unser Leben zu verkomplizieren, indem wir die ganze Zeit denken, nur um dann später zu denken, wir sollten nicht soviel denken.

„Warum berühren sich die Menschen in der Stadt nicht?", fragte ein Dschungelkind seine Mutter.
„Warum verstecken sie ihre Körper unter großen bemalten Blättern? Warum gehen sie so schnell?
Warum schlafen sie nachts nicht und warum tanzen sie nicht bei Tagesanbruch? Warum sind sie immer so ernst? Warum umarmen sie die Bäume nicht, und warum kennen sie ihre Früchte nicht? Warum ziehen sie es vor, Dosen zu essen und seltsame Früchte, die nicht von Bäumen stammen?"

Die Fragen des kleinen Jungen sind eine gute Zusammenfassung aller Themen dieses Buches. Das Dschungelkind weiß alles von Geburt an, und ich möchte von ihm, mit seinem kindlichen Staunen und seiner unschuldigen Kritik, lernen. Soll er fortfahren:

„Mami", fragte das Dschungelkind, „warum werden wir nicht mit Schuhen an den Füßen geboren wie die weißen Menschen?"
„Söhnchen, wahrscheinlich deshalb nicht, weil wir sie nicht brauchen. Großvater sagt, würden wir sie brauchen, dann würden wir auch damit geboren."

Hier beginnt das arglose Kind die Versuchung zu spüren, die anscheinende Überlegenheit zusätzlicher Dinge nachzuahmen. Es kennt nicht die Fesseln der Schuhe. Dies ist die erste Gefahr: einen vermeintlichen Bedarf zu wecken, der zum Schluss das Leben selbst erstickt. Dieses Kind kann nicht wissen, dass ich es um seine nackten Füße mehr beneide als es mich um meine Schuhe.

„Bitte", sagte ein Guarani-Arbeiter zu seinem Arbeitgeber, „ich möchte keinen Urlaub."
„Aber das Gesetz verlangt von mir, dir Urlaub zu geben", antwortete der Boss.
Andere mischten sich ein und erklärten:
„Wir erholen uns, während wir arbeiten, Sir."

Es ist nicht so, dass der Guarani-Arbeiter (Guarani = lateinamerikanischer Volksstamm) wenig arbeitet oder während der Arbeit öfters innehält, um Erschöpfung zu vermeiden. Das ist es nicht. Er arbeitet die ganze Zeit und er arbeitet gut, aber er arbeitet im Einklang mit der Natur, mit ihren Rhythmen und in ihrem Tempo und ermüdet nicht, so, wie Vögel nicht im Flug oder Flüsse in ihrem Lauf. Sie haben in diesem Zusammenhang eine bezeichnende Redewendung: „Wenn du dich nicht während des Gehens erholen kannst, wirst du nie ankommen." Wiederum, in meinem beginnenden Verständnis, „während des Gehens erholen" heißt nicht, dass wir uns auf unserem Weg nicht hin und wieder hinsetzen, um unsere Kräfte wiederzuerlangen, sondern ganz im Gegenteil, dass wir auf so eine Art und Weise gehen, mit solch einem Rhythmus und mit Natürlichkeit und Flexibilität in unserem ganzen Körper, dass die Straße uns nicht zur Last wird, sondern eine spontane Zusammenarbeit unseres ganzen Organismus' erzeugt, der sich gerade durch die eigentliche Ausübung seiner normalen Funktionen vollständig erholt. Das Geheimnis eines guten Marathonläufers ist zu wissen, wie er sich während des Laufens erholen kann. Der Gegensatz zwischen Arbeit und Urlaub ist eine unglückliche Schöpfung der zivilisierten Menschen, die nur dazu dient, die Arbeit zu intensivieren und unsere Qualität des Ausruhens zu zerstören. Ich schreibe dies an einem langen Wochenende, und die Stadt ist leer. Jeder hat sich eilig aufgemacht, um sich irgendwo auszuruhen und sich zu erholen, da es unglaublich erschöpfend gewesen sein muss, nicht weniger als fünf Tage an einem Stück zu „arbeiten".

Ein Eingeborener hat mir, mit tiefer Stimme flüsternd, so, als ob er mir ein großes Geheimnis erzählen würde, anvertraut, dass er entdeckt hatte, dass in den Städten der Arzt, der Psychologe und der Geistliche drei verschiedene Personen sind, die oftmals untereinander nicht einer Meinung sind.
„Es sind drei Personen und die Leute haben es noch nicht einmal bemerkt", wiederholte der alte Mann schockiert die Neuigkeit.

„Etwas Seltsames geschieht mit dem weißen Mann", bemerkte mit einiger Sorge eine Gruppe Eingeborener aus den Bergen, während sie eines Nachts im Kreis um das Feuer saßen und bewegungslos in ihren bunten Ponchos auf das flackernde Feuer in ihrer Mitte starrten.
„Es ist so, als ob der weiße Mann krank wäre, verrückt, betrunken, schlafend..."
„Brüder", sagte der Älteste, „es wird für ihn schwer sein, aufzuwachen, wenn er nicht erkennt, dass er schläft.
Alles was wir tun können ist, vollkommen wir selbst zu sein, damit der weiße Mann in uns Ureinwohnern den Beweis dafür sieht, dass das Leben etwas anderes ist - und dass trotz allem noch immer die Zeit bleibt zu leben."

Ich wäre gerne bei dieser einfachen und außergewöhnlichen Unterhaltung Zuhörer gewesen, um zu sehen, ob ich schließlich aufwachen würde. Solche Menschen existieren, sie sind unter uns, sie sehen uns und bedauern uns, da sie wahrnehmen, wie wir dieses verrückte Rennen, das wir Leben nennen, ausüben. Diese Menschen sind hier, an unserer Seite, und wir können auf sie zugehen, ihnen nahe kommen, ihnen zuhören, wir können uns selbst im Spiegel ihres reinen Lebens sehen, unter ihrer Anleitung können wir wieder zur Schule gehen. Wir können ihrer Existenz unter uns die fundamentale Bedeutung geben, die sie an diesem für die menschliche Rasse kritischen Zeitpunkt hat. Wir können unsere Unschuld wiedererlangen, mit ihrem Beispiel können wir noch einmal die Behauptung des alten Mannes „dass trotz allem noch immer die Zeit bleibt, zu leben" wahr werden lassen.

Das alles erfüllt mein Herz, und allein diese letzte Bemerkung des weisen Eingeborenen genügt, um neuem Leben von Anfang an eine andere Form geben zu wollen. Ich möchte noch einmal dem Dschungelkind zuhören:

„Mami", sagte das Dschungelkind, „ich möchte mir die Stadt ansehen, am Rande des Waldes, am Ende der Welt."
„Du darfst, mein Kind, wenn du das willst, aber lass niemanden dich sehen und schau nicht zu lange, sonst tun dir die Augen weh."

Kannte die Mutter die Umweltverschmutzung, den Smog, den Verkehr und die Menschenmengen? Die Augen von uns Stadtbewohnern schmerzen durch die dicke Luft und die blinkenden Lichter. Die Mutter möchte nicht, dass ihr Kind leidet. Für einen kurzen Moment darf er sich die Stadt von weitem ansehen. Mögen die Verlockungen der Zivilisation ihn nicht in den Sog des modernen Chaos ziehen. Mögen seine Augen für immer unbelastet bleiben in der Obhut des Dschungels. Wir hoffen es für ihn.

Die Alten haben auch für uns ein letztes Wort. Ein Wort, das schmerzt, gerade weil es alte Wunden eines langen Missverständnisses heilt. Theologische Auseinandersetzungen und soziale Unterdrückung haben Gewissen erschüttert und in akademischen Klassenzimmern und in wehrlosen Menschen Verwüstungen angerichtet, bis schließlich Papst Paul III 1537 in seiner Bulle „Sublimis Deus" erklärte, dass die Indianer Menschen seien, mit all den daraus resultierenden Rechten, und dass sie eine Seele besäßen. Die Alten im Dschungel hatten auch von dieser Episode in ihrer Geschichte gehört und stellten jetzt folgende Überlegung an:

„Sie haben sich gefragt", erinnert sich der alte Mann,
„ob wir Indianer Menschen sind.
Jetzt fragen wir uns,
ob die modernen Weißen Menschen sind."

Der Kreis der Geschichte schließt sich. Wer rettet wen? Als wir, blind vor Eroberungslust, die Traditionen der Menschen zerstörten, die ihren Körper achteten, da haben wir die Gelegenheit verpasst, von ihrer tiefen, menschlichen Erfahrung zu lernen. Die Zeit war noch nicht reif. Doch glücklicherweise gibt es noch eine Chance, denn jene uralte Tradition ist noch lebendig, trotz aller Anfechtungen. Sie ist überall lebendig, in Amerika, in Afrika, in Ozeanien und in Asien und, wenn wir nur wissen, wonach wir suchen und wenn wir uns damit vertraut machen, dann können auch wir sie verstehen und sie lernen. Dies ist eine universelle Notwendigkeit für die heutige Welt in all ihrer Suche nach größerer Balance im Leben, nach Einfachheit in der Umsetzung und nach Fülle in der Integration.

Es geht hier nicht darum, in historischen Infantilismus zu verfallen, der uns glauben machen will, dass damals alles gut war und jetzt alles schlecht ist und der uns dazu verleiten könnte, den Dschungel zu glorifizieren und die Stadt zu verfluchen. Das ist es nicht. Halten wir fest an den vielen echten Fortschritten, die die Menschheit in ihrer Geschichte erreicht hat, aber lasst uns dann auch die echten Errungenschaften wieder entdecken, die zuvor existierten und die lange verloren waren. Wiederum geht es hier nicht darum, dem „unschuldigen Wilden" den „zivilisierten postmodernen Menschen" gegenüberzustellen und zu versuchen, durch die Hintertür ins Paradies zu gelangen, bevor die Schlange ins Spiel kommt. Das ist es nicht. Extreme sollte man immer vermeiden. Wenn man alte Kulturen rettet, besteht immer die Gefahr, einem gewissen Primitivismus zu huldigen, der als solcher zwar reizvoll, aber doch durch den kulturellen Fortschritt der Menschheit überholt ist. Primitive Zivilisationen, die uns durch die Einfachheit ihres Lebens und die Nähe zur Natur viel zu geben haben, verfügen auch gelegentlich über magische und okkulte Aspekte, die ich zum Beispiel nicht gutheiße, die mich aber nicht daran hindern, das zu sehen, was ich als einer intellektuellen Anerkennung und praktischen Nachahmung für würdig ansehe.

Wann immer ich ein Buch zitiere oder einen Autoren, dann identifiziere ich mich nicht unbedingt vollständig mit seinen Lehren, sondern nur mit dem Teil, den ich zitiere. Ich interessiere mich für das, was für mich neu ist und versuche, das zu lernen, was ich als nützlich erachte. Wenn große Teile des Erbes der Menschheit von einem großen Teil seiner Erben vergessen wurden, dann ist die Zeit gekommen, es wieder ans Tageslicht zu bringen, es schätzen zu lernen, es zu retten und in die Praxis umzusetzen. Die simple Tatsache, dass einige der Dinge, die ich in diesem Buch sage, für manchen Leser neu sein mögen, zeigt die einschränkende Voreingenommenheit unserer Ausbildung, doch können wir dies jetzt durch eine neue Qualität der Auseinandersetzung wettmachen. Zum Lernen ist es nie zu spät.

Während ich dies schreibe, feiern wir in Indien den Geburtstag von J. Krishnamurti. Ich nahm kürzlich an den Feierlichkeiten in Mumbai teil und war froh, aus dem Mund von Pupul Jayakar, Krishnamurtis Biographin, das zu hören, was ich immer vermutet, aber nie so deutlich in seinen Werken gelesen hatte. Sie erzählte mir, das Erste und Wichtigste, was sie in ihrer langen Verbindung mit- und von Krishna-ji gelernt habe, sei die herausragende Bedeutung der Sinne gewesen: Das bedingungslose Bewusstsein, das uns in Kontakt bringt mit dem, was unsere wachen Sinne uns jeden Moment vermitteln. Die sensorische Frische des Kontaktes mit der Realität in der ausgeglichenen Fülle seiner unmittelbaren Präsenz. Die direkte Erfahrung der Welt um uns herum und des Universums in uns, in den Botschafterschwingungen des wahrhaftigen Lebens. Pupul-ji fügte treffend und gefühlvoll hinzu: „Krishna-jis ‚Mantra' war ‚Zuhören'." Das ist schön. Und außergewöhnlich praktisch. Das uralte „Shruti" in unseren fügsamen Ohren als traditionelles Lernmittel. Sie zitierte ein sumerisches Sprichwort, das das Ohr als den Sinn der Weisheit bezeichnet. Und ich ergänzte mit der lateinischen Redewendung „Auditus est sensus docibilis" (Das Ohr ist der „Sinn des Lernens"). Damit ist nicht nur das Lernen im Klassenzimmer gemeint, sondern auch das lebenslange Lernen im Leben, nicht dadurch, dass man das Gehörte versteht, sondern einfach durch den Akt des Hörens, Wahrnehmens, Empfangens, des sich Durchdringen lassens von den Tönen und Klängen, den Schwingungen und Frequenzen, ohne Kritik und ohne Filter, ein einziges Eins-Sein mit dem Kosmos in der essentiellen Vibration, der Wellenschwingung des ursprünglichen „Nad-Yoga", das es unterstützt, zusammenwebt und das es IST. Ein einziger wohl trainierter Sinn kann all die anderen in dem lebendigen Festival sensorischen Bewusstseins schulen. Uralte Traditionen verbinden sich mit der Weisheit der Neuzeit.

Einige Zeilen aus dem Gedicht „Raíces y comunión" des chilenischen Poeten Pedro Aranda Astudillo:

Wenn ich nach langer Abwesenheit nach Hause zurückkomme, dann mache ich einen Rundgang und schaue in alle Ecken, um zu spüren, was da alles von mir ist.
Sollte ich nicht dasselbe mit meinem eigenen unbekannten Körper tun? Alle meine Zellen besuchen und in tiefem Verlangen, von der Haut bis zu den Eingeweiden, nach meinem lang verlorenen Selbst suchen?

Wenn wir unseren Körper finden, dann finden wir auch unser Selbst. Wir kommen nach Hause – nach langer Abwesenheit.

16. STERBEN AUF JAPANISCHE ART

Eine tiefe Freundschaft mit all unseren Sinnen vermag uns auch zu einem besseren Sterben zu verhelfen. Unsere Sinne sind unser Kontakt zur Natur, unser Körper verbindet uns in engster Verwandtschaft mit der Erde: Aus der Erde kommen wir, auf der Erde leben wir und in die Erde kehren wir zurück. Wenn wir in guter Beziehung zur Erde leben, kehren wir mit größerer Leichtigkeit und Natürlichkeit in unserem Tod zu ihr zurück. Es wurde uns gesagt, wir seien Staub und zu Staub würden wir wieder, und dieser wahre und angebrachte Hinweis lässt uns unseren Abschied von der Bühne mit mehr Haltung nehmen: Staub macht es nichts aus, wieder zu Staub zu werden. Wir waren stets Freunde.

Seit meiner Ankunft in Indien und nachdem ich aus der Nähe, von Familie zu Familie, das Leben der Menschen hier beobachten konnte, habe ich etwas bemerkt, dass mich zum Nachdenken brachte und das ich hier mit gebotener Vorsicht, Respekt und Zurückhaltung wiedergebe, wie es sich für ein Gespräch über den Tod, über den wir ja nur ein geringes Wissen und keinerlei Erfahrung haben, geziemt. Die einzig akzeptable Einstellung, wenn wir über unser so sicheres wie unvorhersehbares Ende sprechen, ist totale Demut. In Indien war mir aufgefallen, dass die Menschen offenbar mit größerer Natürlichkeit, Einfachheit und Unschuld sterben als im Westen. Der Tod ist zweifellos immer schmerzhaft, aber er wird nicht gefürchtet. Ich bin schon in anderen meiner Bücher im Detail auf dieses Thema eingegangen und möchte mich hier nicht wiederholen. Aber ich will noch eine Aussage hinzufügen, die ich erst kürzlich gelesen und noch nie zitiert habe, die in Japan eine verblüffende Parallele aufweist zu dem, was ich in Indien festgestellt habe. Der Inhalt dieses Zitates hat meine eigene Erkenntnis bestätigt. Karlfried Graf Dürckheim schreibt in *El Zen y nosotros* (Verlag Mensajero, Bilbao 1992, S. 61):

Auf einer meiner Japanreisen begegnete ich einem christlichen Missionar, der seit 18 Jahren in einem kleinen Dorf im Landesinneren tätig war.
Er erzählte mir von den vielen Schwierigkeiten seiner Arbeit, die nur wenige echte Bekehrungen bewirkt hatte.
„Und selbst dann", sagte er, „in der Stunde des Todes, sterben diese Menschen nicht auf christliche, sondern auf japanische Weise." Ich fragte ihn, was er damit meine, und er antwortete mir:„Wenn diese Menschen auf die Welt kommen, scheinen sie nur einen Fuß auf dieses Ufer des Lebens zu setzen, und während ihres ganzen Lebens verlieren sie nie das Gefühl, dass ihr eigentliches Zuhause auf dem anderen Ufer liegt. Aus diesem Grund ziehen sie im Sterben lediglich den Fuß zurück, den sie auf dieses Ufer gesetzt hatten.
Und sie tun das ganz natürlich, mit heiterer Gelassenheit und ohne Angst."

Graf Dürckheim macht dazu eine interessante Bemerkung: „Im Osten ist dies die traditionelle Art zu sterben. Jedoch müssen wir uns die Frage stellen, ob diese Einstellung zum Sterben wirklich nur auf den Fernen Osten beschränkt ist. Können nicht auch wir so denken?"

Ich stimme dem Grafen zu. Wenn eine derartige Einstellung dazu führt, „ganz natürlich, mit heiterer Gelassenheit und ohne Angst" sterben zu können, sollten wir davon lernen. Ich habe auch Verständnis für den innerlichen Protest und die beherrschte Frustration meines Missionarsbruders, der mit ansehen muss, wie seine so mühsam Getauften auf „japanische Art" sterben. Was ich nicht verstehe; warum kann man nicht gleichzeitig auf „christliche" und „japanische" Art sterben? Sicherlich gibt es gewisse Glaubensvorstellungen, die unsere Einstellung zum Tod beeinflussen, wie zum Beispiel das Thema der Reinkarnation, die in einigen Kreisen akzeptiert wird und in anderen nicht. Dies kann sicherlich einen gewissen Einfluss auf die Art und Weise ausüben, wie wir unserem Ende entgegensehen. Aber ich glaube, da ist etwas noch tiefer gehendes in der größeren Gleichmut, mit der diese Menschen dem Tod begegnen, und das, meine ich, hat seine Ursache in dem ausgeprägteren Körperbewusstsein, das sie der Erde näher hält und so auch die letzte Umarmung mit ihr vertrauter macht. Es fällt ihnen leichter und sie sind freier, ins Jenseits aufzubrechen, einfach deshalb, weil sie hier auf Erden intensiver gelebt haben. Diese Haltung lässt sich mit allen Religionen vereinbaren und täte allen Menschen auf Erden gut.

An dieser Stelle können wir, einmal mehr, von unseren Geschwistern aus anderen, älteren Traditionen und entfernteren Kulturen lernen. Ich habe Indien und Japan bereits erwähnt. In Afrika war ich Zeuge eines Ritus', den ich noch nie zuvor gesehen habe und sicherlich auch nie wieder erleben werde. Es war ein Erlebnis innerer Schönheit, ausgelöst von spontaner Überraschung. Es geschah vor Jahren während einer Südafrikareise. Ich nahm Teil an der katholischen Beerdigung eines Schwarzafrikaners, der in seinem Stamm eine bekannte Persönlichkeit war. Die Bahre wurde von sechs jungen schwarzen Männern getragen ... die dabei tanzten! Sie wiegten sich mit jener artistischen Anmut hin und her, die Gott ihnen gegeben hat. Der Sarg schwang sanft in dem gemessenen Rhythmus ihrer Knie. Sie sangen leise ein durch Mark und Bein gehendes Klagelied, das aus der Erde selbst zu kommen schien. Ich stand vor Staunen wie angewurzelt da. Ich wusste, dass sie in Afrika ihr Leben lang tanzen. Nun sah ich die Menschen hier beim Totentanz. Und es wurde mir klar, dass sie deshalb angesichts des Todes tanzen konnten, weil sie stets auch angesichts des Lebens tanzen. Die harmonische Menge, die sich instinktiv dem liturgischen Tanz anschloss, lehrte mich in dieser improvisierten Freiluftschule mit ihren Körpern das, was ich so mühsam und zeitaufwendig in Kursen und Bibliotheken zu lernen versucht hatte. Ich wünschte, durch mein Leben könnte ich die Gnade erlangen, dass ebenholzfarbene Hände auch meinen Sarg in posthumer Freude zum Tanzen bringen würden. Es ist mir bewusst, dass es nicht leicht ist, jemandem im Tode das Tanzen beizubringen, der es im Leben nie gelernt hat. Na, noch habe ich Zeit zu lernen.

Aus Afrika kommt auch die folgende Geschichte, von der ich wohl nie wissen werde, ob sie wahr ist. Als praktische Übung ist sie sicherlich nicht anzuraten, aber als Legende ist sie auf jeden Fall lehrreich und amüsant. Ich habe sie indirekt über meine mathematischen Studien kennengelernt. Die „New Math"-Bewegung hatte damals viel dem Impuls zu verdanken, den ihr in Frankreich die „Bourbaki Group" mit ihren berühmten Abhandlungen und geheimen Treffen gegeben hatte. Sie bestand aus einer Gruppe von Mathematikern, die streng auf Anonymität bedacht waren und sich unter dem fiktiven Namen *N. Bourbaki* versammelte. Auch ihre genialen Publikationen gaben sie unter diesem Namen heraus, der bereits seinen festen Platz in der Geschichte der Mathematik gefunden hat. Obwohl *Bourbaki* nie existierte, erfand und veröffentlichte ein Mitglied der Gruppe mit viel Witz und Phantasie seine Biographie, die so überzeugend war, dass viele sie als echt ansahen und den Scherz nicht erkannten. Für diese Gruppe war es wichtig, ihre Kreativität und ihre Disziplin aufrechtzuerhalten, notwendig für das Überleben auf solchen Wissensgebieten, und um mit der gebotenen Schnelligkeit den ständig neuen Herausforderungen gerecht werden zu können. Diese Voraussetzungen haben die Bourbaki-Gruppe dazu veranlasst, einen intellektuell grausamen, aber lebensnotwendigen Brauch einzuführen. Jeder von ihnen konnte und sollte in seiner Präsentation mathematischer Entdeckungen gelegentlich ein anscheinend richtiges, aber in Wirklichkeit falsches Theorem einbauen. Die anderen Mitglieder der Gruppe mussten immer so wachsam sein, dass sie den Fehler sofort erkennen konnten, sobald er auftauchte, was ihnen mit der für ihr Forschungsgebiet charakteristischen intuitiven Schnelligkeit gewöhnlich auch gelang. Sollte jedoch einmal jemand in die Falle gehen und den falschen Beweis nicht entdecken, würde er automatisch aus der Gruppe ausgeschlossen. Sein Geist wäre nicht mehr auf der für diese spezialisierte Arbeit erforderlichen Höhe, und so würde er für die Gruppe zu einer Last werden und Verzögerungen verursachen. Alle wussten das und beugten sich ihrem eigenen Gesetz. In ihrem Kampf um den Verbleib in der Gruppe waren sie deshalb stets hellwach, um sofort jeden Fehler zu entdecken. Dieses System nannten sie übrigens in dem ihnen eigenen Sinn für Humor: „Die Kokospalme schütteln!"

Und hier kommt Afrika wieder ins Spiel. Da gibt es eine Geschichte über einen Stamm, der für sein Überleben auf nomadische Wanderungen angewiesen ist, immer den Jahreszeiten folgend. Da sie für ihr pures Überleben jagen müssen, ist es für sie zwingend notwendig, dass alle Stammesmitglieder stets in der für ihr hartes Dasein erforderlichen körperlichen Hochform sind. Wenn jemand nun älter wird und seine Kräfte nachlassen, muss der Stamm entscheiden, ob der oder die Betreffende weiter mit der Gruppe ziehen kann, und sie prüfen das auf sehr drastische Weise. Die jeweilige Person muss also auf eine Kokospalme klettern, die dann von den anderen unten kräftig geschüttelt wird. Wenn das Opfer sich noch richtig festhalten kann, ist die Prüfung vorbei und das Leben geht weiter wie zuvor. Und wenn es dem Opfer nicht gelingt ... dann hat sich das Problem meist von selbst gelöst, denn eine Palme ist hoch und der Sturz meist tödlich. Im übertragenen Sinn praktizierten die Bourbaki-Mitglieder dasselbe, und auf diese Weise gelang es ihnen, ein Höchstmaß an Vitalität zu gewährleisten.

Diese Vorgehensweise ist natürlich fragwürdig, und es ist nicht auszuschließen, dass es sich dabei nur um ein Märchen handelt, das dazu dienen soll, die unleugbare Tatsache zu erklären, dass es bei allen Ureinwohnerpopulationen überall auf der Welt kein zu spätes Sterben und keine in die Länge gezogenen Todeskämpfe gibt. Sie scheinen zu wissen, wann das Ende nahe ist, und wenn es kommt, dann verabschieden sie sich schnell vom Leben. Ihr Körper, der immer die Nähe zur Erde bewahrt hat, hört den Ruf, gehorcht ihm und gibt sich auf. Die Intensivstationen der modernen Krankenhäuser sind nicht für sie gedacht. Sie brauchen keine Wartezimmer zur Ewigkeit. Sie sind bereit für die Ewigkeit.

Ähnliches erzählt man sich auch von den Eskimos, die ein weiteres gutes Beispiel für eine Lebensweise sind, die optimal an die Natur angepasst ist und deren Körper über ganz lebendige Sinne für diese Lebensweise verfügen muss. Bis zum Schluss sind sie voller Energie und wenn sie spüren, dass der Moment gekommen ist, sich vom Leben zu verabschieden, dann kündigen sie dies an und ergeben sich dem Rhythmus ihres Körpers. Sie entfernen sich von den anderen, suchen sich einen Platz, neigen ihre Häupter – und nach kurzer Zeit sind sie nicht mehr.

In seinem Roman *Black Robe*, wozu er anthropologische Forschungen angestellt hat und der später auch verfilmt wurde, beschreibt der Schriftsteller Brian Moore eine ähnliche Situation bei den kanadischen Indianern zur Zeit des 17. Jahrhunderts. In der Erzählung, die ich hier zusammenfasse, ist Chomina der sterbende Indianer, Annuka seine Tochter und Laforgue der fremde Missionar.

Für eine Weile sagte Chomina nichts.
Er saß auf dem Boden, mit angezogenen Knien und gebeugtem Kopf. Annuka sah ihn schweigend aus einigen Schritten Entfernung an. Laforgue sagte zu dem alten Mann:
„Chomina, wir werden dir ein Bett bereiten und uns hier ausruhen, bis du wieder zu Kräften gekommen bist."
„Ich werde nicht mehr zu Kräften kommen", sagte Chomina, „ich werde keine Nacht mehr überstehen. Sag meiner Tochter, sie soll herkommen, ich möchte mit ihr sprechen. Dann steigt alle in das Kanu und geht. Geht schnell."

Der Schwarzrock kam auf sie zu, doch Annuka hatte sich bereits erhoben, denn der Wald hatte sie gewarnt.
Und jetzt, als sie auf ihren Vater zuging, wusste sie,
dass Manitou hoch oben in den Bäumen wartete.

Sie ging zitternd zwischen den Bäumen durch und ging nah zu ihrem Vater hin. Er hatte bereits die Haltung derer angenommen, die in der Welt der Nacht leben. Seine Beine waren gekreuzt, sein Kopf gebeugt und seine Arme ruhten an seiner Brust.
Ihr Vater wandte langsam seinen Kopf und schaute Annuka an.
„Als ich an Land ging", sagte er,
„kam Manitou aus dem Wald und hat mich berührt. Jetzt warte ich. Wenn du gehst, holt sie mich in das Land der Nacht. Geh jetzt.
Zwischen uns gibt es keine Trennung, keinen Abschied."

Als die Kanus weit vom Ufer entfernt waren,
drehte sich das Mädchen noch einmal um und schaute.

Ihr Vater war allein auf der Lichtung und lag auf seinem Bett aus Zweigen.
Und während sie zu ihm hinsah, verließ sein Geist den Körper. An Manitous Hand entschwand der Geist ihres toten Vaters zu den Bäumen.

Was auch immer an diesen Legenden und Vorstellungen stimmen mag, ein Faktor ist dabei als gesichert anzusehen, und das ist diese natürliche Leichtigkeit, mit der sich die Menschen der Naturvölker von ihrem Körper verabschieden, wenn er sich den Gesetzen der Natur beugt. Ihr ganzes Leben lang haben sie ihren Körper von innen gefühlt, seinen Puls gespürt, sie sind seinen Rhythmen gefolgt und haben seine Energie gelebt. Gerade diese lebenslange Vertrautheit sagt ihnen, wann das Ende ihres Lebens gekommen ist, dass der Körper seinen Weg beendet hat und ausruhen möchte. Der Indianer setzt sich unter einen Baum, ganz allein, nimmt wieder die Haltung ein, die er schon im Bauch seiner Mutter eingenommen hatte, bevor er zur Welt kam, beugt sanft seinen Kopf und verlässt seinen Körper. „Zwischen uns gibt es keine Trennung, keinen Abschied!"

Im Kontrast dazu steht unsere Tendenz, deren Grundgedanke in sich durchaus seinen Wert hat, und die doch oft auch schmerzhaft in ihrer ganzen Konsequenz ist, Leben mit Hilfe der modernen Medizin so lange zu verlängern wie irgend möglich. Schläuche und Drainagen, Maschinen und Medikamente. Wahre Wunder der hochentwickelten Wissenschaft und liebevolle Sorge der getreuen Verwandten, die für die geliebte Person alles tun wollen, was in ihrer Macht steht. Rollstühle und Krankenbetten. Nachtwachen und langes Warten. Krisen und Besserungen, Hoffnungen und Rückschläge. Manchmal lange, schmerzvolle Jahre, beladen mit Kummer, bis zum Ende, das nahe scheint und doch unvorhersagbar ist.

Das menschliche Leben ist bis zum Schluss wertvoll, egal wie beeinträchtigt es sein mag, denn es ist ein göttliches Geschenk, das Mann und Frau in ihrer vollen Würde als menschliche Wesen erhalten haben. Das ist genau der Grund, warum es manchmal so überaus schmerzhaft ist, das Drama eines verlängerten Todeskampfes miterleben zu müssen, der aus der kranken Person einen Altar des Leidens macht und diejenigen, die die sterbende Person liebend umgeben, zu mitleidigen und machtlosen Zeugen irdischer Passion.

Ich weiß auch keinen Rat und habe auch kein Mittel gegen diese Leiden. Niemand hat es, denn es gibt für die Urrätsel der menschlichen Existenz keine Patentantworten. Wir alle können gar nicht anders, als mit dem festen Vorsatz zu leben, uns in unserem tagtäglichen Hoffen und unserem Kampf ums Dasein voll der Realität des Lebens zu stellen.

Doch in dieser Atmosphäre von Mysterium und Ehrfurcht ist es möglich, Wege anzudeuten, die unser Leiden erträglicher machen und unser Leben lebenswerter. Aus diesem Gedanken heraus habe ich es unternommen, über den Körper und die Sinne zu sprechen und anzuregen, dass uns ein besseres Verständnis ihrer wichtigen Rolle in unserem ganzen Dasein helfen kann, nicht nur besser zu leben, sondern auch besser zu sterben.

Ohne Anmaßung oder Überheblichkeit, aber aus tiefer persönlicher Überzeugung heraus behaupte ich, dass, wenn wir es lernen würden, uns besser in dem Gebrauch unserer Sinne zu üben und den Körper mehr zu schätzen wüssten, unser Leben gesünder und unser Sterben friedlicher verlaufen würde.

Ich erhebe nicht den Anspruch, die Geheimnisse von Leben und Tod lösen zu wollen, aber ich will beide mit meinem ganzen Sein ausleben. Was ich hier sage, mag mehr oder weniger glücklich ausgedrückt sein, aber eines möchte ich dabei mit aller Deutlichkeit festhalten: Alles, was ich hier behauptet und geschrieben habe, entspringt nicht irgendeinem oberflächlichen Leichtsinn oder einer billigen und romantischen Art, mich zu anderen Kulturen hingezogen zu fühlen, sondern einem inneren Gefühl, nach langem Nachdenken und abgewogener Überzeugung.

Das wäre bei mir ohnehin immer der Fall, denn meine Art zu leben und zu schreiben ist, alles zu geben, so wie bei allem, was ich tue - innerhalb meiner vielen und offensichtlichen Grenzen. Aber auf dieses Buch trifft dies besonders zu. Ein Grund dafür ist die Ernsthaftigkeit und Wichtigkeit der Themen, die es behandelt: Ich stehe selbst an den Pforten des Todes.

Und ein weiterer Grund ist der besondere Umstand, der der Entstehung dieses Buches eine eigene Bedeutung und Wirklichkeitsnähe gab. Es gibt ein kleines Geheimnis, das diesem Buch Gewicht verleiht: Unser Hausarzt hat uns vorgewarnt, dass meine Mutter, die bereits 100 Jahre alt ist, uns jeden Moment verlassen kann. Sie ist im Zimmer nebenan, während ich dies schreibe. Oft habe ich meinen Schreibfluss unterbrochen, wenn sie in Not und Einsamkeit nach mir gerufen hat. Jede Seite trägt die Erinnerung an ihre vertraute Gegenwart im Bett nebenan. Während ich diese Seiten schreibe, lebe ich die Realität des Lebens und die Nähe des Todes. Möge das in heiterer Gelassenheit vollzogene Nachdenken über das Ende unseres Lebens die Begegnung mit dem Tod sanft machen, wenn es soweit ist.

17. DIES IST MEIN LEIB

Wir müssen noch einen wichtigen Punkt behandeln. Es besteht kein Zweifel, dass die Freundschaft zwischen dem Körper und den Sinnen, wie ich sie hier auf die eine oder andere Weise beschrieben habe, etwas Gesundes und Wünschenswertes ist, das uns hilft, sowohl den Grad unseres Gewahrseins, der Wahrnehmung und des Bewusstseins als auch den Grad der Aktivität und der Effizienz in unserem Sein und Tun zu erhöhen. Alles gut und schön.

Aber was hat das alles mit den speziell spirituellen Tiefen unserer Existenz, mit unserem Beten, mit dem religiösen Leben zu tun? Sind unsere Sinnesübungen nur eine hilfreiche Vorbereitung auf das richtige Gebet oder können sie irgendwie als Teil davon betrachtet werden? Ist Körperbewusstsein nur eine Stütze für die innere, religiöse Sammlung oder ist es eher ein integraler und lebendiger Teil des gesamten menschlichen Bewusstseins vor Gott? Ist bewusstes Atmen nur gut für die Lungen oder auch für die Tugend? Ich habe diese Fragen deutlich formuliert, denn ich möchte sie hier genauso deutlich beantworten. Das ist mir wichtig.

Während einem der ersten Seminare, das ich über das Thema „Der Körper und seine Sinne" gab, geschah etwas Lustiges. Die Organisatoren des Seminars hatten mich gebeten, ihnen einen konkreten Titel anzugeben, der kurz und bündig das zusammenfassen sollte, um was es in diesem Seminar ging. Sie wollten ein Informationsblatt drucken, aus dem der Interessierte genau entnehmen konnte, auf was er sich einlassen würde. Für mich war es nicht einfach, schlagzeilenmäßig das zusammenzufassen, was ich mir bereits zu diesem Zeitpunkt alles in meinem Kopf zurechtgelegt hatte. Ich wollte deutlich sein, aber nicht zu lang, vollständig, aber nicht pedantisch. Ich wälzte das Problem immer wieder in meinem Kopf herum und kam schließlich zu folgendem geistigen Juwel: „Organische Integration und Körperbewusstsein". Ein ganz schöner Brocken. Für mich war das die destillierte Essenz der Gedanken und Erfahrungen mehrerer Jahre und machte für mich in ihrer kurzgefassten Beredsamkeit durchaus Sinn. Andererseits, für diejenigen, die nicht wussten, um was es in dem Kursus ging, war der knappe Titel eher ein Rätsel als eine Erklärung. Nichtsdestotrotz kamen sie, tapfer zu allem bereit. Als eine Art Einführung in das Thema fragte ich ein Mädchen, was sie denn glaube, worum es hier ginge - und sie antwortete wortwörtlich: „Organische Integration und .... spirituelles Leben". Ich war erfreut über diese Antwort, denn ihr Freudscher Fehler, der in aller Unschuld aus „Körperbewusstsein" ein „spirituelles Leben" gemacht hatte, kam mir gerade recht, um das Neue und die Essenz dieses Themas vorzustellen. Die von ihr intuitiv vorgenommene Abänderung zielte genau auf die Körper-Geist-Beziehung und die Einheit von Leib und Seele, die wir für unser künftiges Wohl erforschen wollen. Dieser jungen Frau verdanke ich eine bessere Seminarbeschreibung, als ich selbst sie formuliert hatte.

Wenige werden bezweifeln, dass wir eine gewisse Aufmerksamkeit auf unseren Körper als gute Vorbereitung für das Gebet nutzen können. Auch christliche Meister des Gebets setzen Sinnesübungen ein, so ähnlich, wie in diesem Buch vorgeschlagen, um als Vorbereitung auf die religiöse Meditation den Geist zu beruhigen und die Konzentration zu fördern. Ich kenne Exerzitienmeister, die die ersten Tage der Exerzitien allein diesen Sinnesübungen widmen und erst danach zur andächtigen Meditation im strikten Sinne übergehen. Selbst der hl. Ignatius erkannte bereits zu seiner Zeit, und da war er seiner Zeit weit voraus, die wichtige Rolle des Körpers beim Gebet und forderte den Betenden auf, schweigend ein, zwei Schritte von dem eigentlichen Ort seines Gebetes entfernt für die Dauer eines Vaterunsers still zu stehen und sich dann tief zu verbeugen oder sich in tiefer Verehrung langsam hinzuknien. Im orthodoxen Kloster Zagorsk in der Nähe von Moskau konnte ich die wiederholten und rhythmischen Kniebeugen und Verbeugungen der Mönche beobachten, die ihren eigentlichen Gebeten vor der himmlischen Gegenwart in Form der goldenen Ikonen vorangingen. Der Körper hilft also dem Geist, und die Körperhaltung bereitet auf die Begegnung mit dem Heiligen vor.

Können wir noch weiter gehen und unser Körperbewusstsein, das wir in unseren Sinnen erfahren, als integralen Bestandteil des Gebets selbst betrachten?

Das möchte ich bejahen und auch erklären. Aber es soll eine bescheidene Antwort sein und deshalb gebe ich sie gleich von Beginn an mit einer gewissen Vorsicht und Zurückhaltung, ohne auf eine Diskussion oder gar eine Kontroverse abzuzielen, ohne irgendwie meine These beweisen oder meinen Standpunkt verteidigen zu wollen, nur in dem Wunsch, jederzeit, mit erklärter Neutralität, meine eigene intellektuelle Überzeugung und persönliche Erfahrung in dieser Angelegenheit darzulegen. Respekt vor der Meinung anderer ist das beste Klima, in dem wir unsere eigene Meinung kundtun können.

Ich beginne mit der Erzählung eines kleinen Experiments, das ich mehrfach durchgeführt habe und dabei immer ein ähnliches Ergebnis erhielt. Ich bin während der Gruppentreffen unserer jesuitischen Gemeinschaft darauf gekommen. Sie finden jeden Montag nach dem Abendessen statt und beginnen mit einem kurzen gemeinsamen Gebet. Der Pater Rektor bittet um Ruhe, schließt seine Augen und schlägt vor, dass wir als Vorbereitung auf die Besprechung einige Minuten zusammen im stillen Gebet verbringen. Wir gehorchen alle. Ich jedoch, mit der schändlichen Neugier, die mir mehr als einmal einen Schlag auf den Kopf eingebracht, mir aber auch Türen geöffnet und Geheimnisse verraten hat, öffnete meine Augen wieder und betrachtete die Gesichter meiner Brüder im Gebet. Pater Rektors Gesicht war gewöhnlich angespannt und mit dem Ausdruck väterlicher Sorge gerunzelt. Ich bemerkte das jedes Mal. Andere sind mehr oder weniger nachdenklich, entspannt, konzentriert, abgelenkt. Einer jedoch hat ebenfalls seine Augen geöffnet, wie ich, und unsere Blicke treffen sich in gemeinsamer Komplizenschaft. Wenn ich sie, die ich so gut kenne, so ernst vor mir sehe, dann frage ich mich: Was genau denken sie in diesem Augenblick? Was tun sie, so schön ruhig und zauberhaft andächtig, mit geschlossenen Augen und in Kommunion mit den Engeln? Das wüsste ich gern. Pater Rektor gibt ein Zeichen, das Gebet ist vorbei und alle öffnen ihre Augen. Ich stelle ihnen meine Frage nicht, egal wie sehr es mich reizt, denn ich habe meinen Brüdern schon genug Ärger eingebracht und kann ganz gut leben, ohne noch mehr Ärger zu bekommen. So lasse ich diese Zusammenkunft ihren Lauf nehmen – und möge niemand erraten, was ich mir dabei so alles ausdenke. Ich bin mir sicher: Eines Tages werde ich alles wissen!

Wie ich schon ankündigte, war dieses kleine Erlebnis der Auslöser für den Wunsch, ein kleines Experiment machen zu wollen, das ich dann auch tatsächlich mit Gruppen durchgeführt habe, die ich leitete. Zu Beginn der Arbeit in einer Großgruppe von 100 oder bis zu 200 Personen kündigte ich an, dass wir zuerst mit einem einige Minuten dauernden, stillen Gebet anfangen wollen. „Ich bitte Sie, sich in einer für Sie bequemen Haltung hinzusetzen, die Augen zu schließen und zu beten." Dann sagte ich ein paar Worte, damit sich die TeilnehmerInnen auf die Stille konzentrierten. In etwa so:

„Wir wollen uns in die Gegenwart Gottes begeben.
Seine lebendige und wohltuende Gegenwart in uns und um uns herum spüren.
Wir glauben, dass Gott überall ist, alles sieht und alles weiß und dass es nur an uns liegt, unseren Glauben
zu beleben und Seine Gegenwart zu spüren.
Lasst uns angesichts seiner Liebe unsere Verehrung
darbringen und unsere Hoffnung stärken.
Lasst uns nun einige Minuten
in diesem heiligen Nachdenken verbringen.

Ich machte also meine Ansage und ließ dann etwa fünf Minuten verstreichen, bevor ich das Zeichen gab, aus dem Gebet wieder zur Gruppe zurückzukehren. Als die TeilnehmerInnen ihre Augen öffneten und unschuldig um sich schauten, da fragte ich sie: „Möchte uns jemand erzählen, natürlich nur ganz freiwillig, was genau er während dieser fünf Minuten des stillen Gebets gemacht hat?" Einige typische Antworten waren: „Ich habe mich gesammelt.", „Ich habe nicht nur äußerliches, sondern auch innerliches Schweigen hergestellt.", „Ich habe langsam das Vaterunser aufgesagt.", „Ich habe tief geatmet und mich auf mein Atmen konzentriert.", „Ich fühlte mich vollkommen ruhig und habe Gott in mir gespürt, ohne jeglichen Gedanken.", „Ich habe Gott gebeten, dieses Seminar zu segnen.", „Ich habe die Gegenwart der Gruppe um mich herum gespürt, so, als wären wir eins.", „Ich habe mich innerlich glücklich gefühlt, ohne irgendetwas besonderes zu tun.", „Ich habe auf das Ende gewartet.", „Ich habe mich entspannt, meine Zehen bewegt und mich die ganze Zeit lang ausgesprochen wohl gefühlt." Dies gibt Ihnen einen kleinen Eindruck, welcher Art die Antworten auf meine Frage waren.

Das Interessante für mich war die Feststellung, dass nur eine kleine Minderheit der Antworten sich auf explizite Methoden der traditionellen Art zu beten bezogen. Wie schon erwähnt, betete jemand das Vaterunser, und das ist eine vollkommen richtige und vortreffliche Weise, diese kurze Zeitspanne auszufüllen, aber es gibt nur sehr wenige, die das tun. Die Mehrheit spricht von innerlicher Besinnung, Gefühl von Frieden, tiefem Atmen, zur Ruhe Kommen des Geistes. Das Resultat des Experiments: Wenn ich zum freigestalteten individuellen Gebet auffordere, dann füllt die Mehrheit die Zeit mit einer Art der Sammlung aus, die, ganz gleich, ob die TeilnehmerInnen es nun als solches bezeichnen oder nicht, genau den Übungen zum Körperbewusstsein und zur Sinneswahrnehmung nahe kommt, über die ich hier in diesem Buch referiert habe. Dieses spontane Referendum lässt erkennen, dass für viele gute Christen das Gefühl des inneren Friedens, selbst ohne klar umrissene religiöse Festlegung, ein wirklich authentisches Gebet ist. Dieses Ergebnis teile ich seitdem allen meinen Gruppen mit, und es scheint gut anzukommen.

Für mich ist das ein konkreter Beweis für die Gültigkeit des Grundprinzips ganzheitlicher Spiritualität: Wenn ich mit mir selbst in Kontakt bin, dann bin ich auch mit Gott in Kontakt. Vielleicht lässt sich diese Erkenntnis noch deutlicher machen, wenn wir es negativ ausdrücken: Wenn ich nicht mit mir selbst in Kontakt bin, dann kann ich auch nicht mit Gott in Kontakt sein. Gott finden bedeutet als allererstes, mich selbst als Seine Kreatur und Sein Kind zu finden, als ständiges Objekt Seiner Gnade und Seiner Macht, in jedem Augenblick meines Lebens und in der Permanenz meines Seins. Die Mühen des Lebens lenken uns ab, zerstreuen uns, trennen uns von uns selbst, treiben uns umher, und der ständige Strom von Sorgen und Ängsten und Leiden löscht unsere Erinnerung, wäscht unsere Ganzheit hinweg, annulliert unsere wahrnehmende und verantwortungsbewusste Existenz. In diesem fließenden und beunruhigenden Zustand ist es schwer für uns, Gott zu finden, weil wir kaum uns selbst finden. Nur wenn wir beginnen, unsere Unabhängigkeit zu fühlen, unser Sein zu sammeln und zu vereinen, uns selbst zu finden, dann kommen wir wieder in Kontakt mit uns selbst - und mit Gott in uns. Unser Körper ist der Tempel Gottes, und wenn wir andächtig und bewusst diesen Tempel betreten, dann finden wir Gott.

Die erste These in diesem Buch war die der Einheit des menschlichen Wesens, die durch die griechische Tradition der Leib-Seele-Dichotomie zerstört wurde und die jetzt mit Vergnügen und weltweit von Denkern und Wissenschaftlern zurückerobert wird, von der Philosophie bis zur Medizin. Diese Erkenntnis der Einheit des Menschen legt ganz offensichtlich den Schluss nahe, dass der Eintritt in das Gebet durch alle nur möglichen Pforten möglich ist und erleichtert wird, die der Mensch in seiner Ganzheit dafür zur Verfügung hat. Ich zitiere hier nochmals Frederick Alexander, so wie er in dem Buch *Die Alexander Technik* wiedergegeben wird. Diese Gedanken können uns immer wieder an das fundamentale Prinzip erinnern, wenn wir es am meisten brauchen:

Ich muss zugeben, dass ich zu dem Zeitpunkt, als ich meine Untersuchungen begann, wie die meisten Menschen „Körper" und „Geist" als separate Teile desselben Organismus' ansah und folglich glaubte, dass sich Krankheiten, Schwierigkeiten und Unzulänglichkeiten des Menschen in entweder „mental-psychisch" oder „körperlich" einteilen und folglich auch auf spezifisch „mentalem" oder spezifisch „körperlichem" Wege behandeln ließen.

Meine praktischen Erfahrungen jedoch haben mich dazu geführt, diesen Standpunkt bald aufzugeben, und die Leser meiner Bücher werden erkannt haben, dass die Technik, die ich darin beschreibe, auf einer gegenteiligen Einstellung basiert, nämlich der, dass es unmöglich ist, „mentale" und „körperliche" Prozesse in jeglicher Form menschlicher Aktivität voneinander zu trennen.
Diese Änderung in meinem Verständnis des menschlichen Organismus' ist nicht das Ergebnis reinen Theoretisierens meinerseits. Sie wurde mir aufgezwungen durch die Erfahrungen, die ich bei meinen Untersuchungen auf einem für mich neuen Gebiet praktischen Experimentierens am lebenden Menschen gewonnen habe.

Der Bezug zu unserem Interessensgebiet ist deutlich. Wenn psychische und physische Prozesse in keiner der Aktivitäten des Menschen voneinander getrennt werden können, dann können wir auch im Gebet nicht den Geist vom Körper trennen. Der Mensch ist eins, und je nach Augenblick und Stimmung im Leben gibt es den einen Weg jetzt und den anderen später, der in einem konkreten Fall der ganzen Person Gewahrsein und Bewusstsein bringt. Die großen Meister des Gebets haben immer von verschiedenen Formen des Betens gesprochen, die - ohne jeweils dabei die anderen völlig auszuschließen - je nach Veranlagung des betenden Menschen ausgeübt werden. Das „verbale" Gebet stützt sich auf Worte, die den Betenden zu den höchsten

Gipfeln der Versenkung bringen können. Das „diskursive, im Zwiegespräch abwägende und überlegende" Gebet operiert mit dem „Diskurs, dem inneren Dialog" unseres Verstandes, vergisst dabei jedoch nie die anderen Kräfte der Seele und die Regungen des Herzens. Das „affektive" Gebet zielt mehr direkt auf die frommen Gefühle, die das menschliche Herz mit einer großen Wonne erfüllen und dabei nie das ebenfalls nötige geistige Streben nach Weiterentwicklung und praktische Entscheidungen außer Acht lassen. Demgemäß können wir jetzt auch von dem „sensorischen" Gebet sprechen, das aus unseren Sinnen kommt und alles, was wir in jedem Augenblick sind, besänftigt, vereint und wiederbelebt durch den Atem und die Berührung, durch Bild und Ton, und uns so wieder einmal, auf neue und willkommene Weise, zu dem Gott führen, „in dem wir das Leben haben".

Fernöstliche Gebetsformen haben im Westen großen Anklang gefunden. Einer der Gründe für ihre Attraktivität ist ihre generelle Tendenz, die Rolle des abstrakten Intellekts in der Meditation herabzusetzen, während sie die Wichtigkeit solcher Faktoren wie Intuition, Fühlen und Spüren unterstreichen. Von der rhythmischen Wiederholung des geheiligten Namen Jesu bis zu dem minimalen, einsilbigen Wort oder dem „Gebetsschrei" der „Wolke des Nichtwissens" fließt ein ruhiger Strom, der sanft unseren Intellekt beruhigt, um die unentdeckten Anlagen in uns zu wecken, die uns in Demut mit Gott vereinen. Uns überrascht diese Einstellung nicht, wenn wir daran denken, was der mystische Doktor der Kirche, der hl. Johannes vom Kreuz, aus eigener Erfahrung und mit mystischer Weisheit sagte, als er die verschiedenen Zeichen aufführte, die „uns wissen lassen, wann wir Meditation und Diskurs aufgeben und zu dem Stadium der Kontemplation weitergehen müssen":

Das Erste ist, selbst zu erkennen, dass man die Meditation oder den Diskurs in der eigenen Vorstellung nicht mehr so ausüben und sich daran erfreuen kann wie zuvor; dass man

> *Dinge als regelrecht verdorrt empfindet, die zuvor so viel Sinn machten und uns so viel gaben.*
> (*Subida del monte Carmelo* 13,2 dt: siehe Bibliografie)

Den denkenden Geist zur Ruhe zu bringen, das ist das große Geheimnis des Gebets, und die Begegnung mit Gott in der Anonymität und der Bescheidenheit unserer Sinne kann unseren Weg im Glauben durch die geheimen Pfade der „dunklen Nacht der Seele" begünstigen. Auch die hl. Teresa betonte, wie schwierig es sei, sich nach einer langen Zeit der Kontemplation wieder auf den Verstand zu stützen:

> *Es gibt einige Seelen, und eigentlich sind es recht viele,*
> *die, da unser HERR ihnen nicht die Gnade der perfekten Kontemplation gegeben hat, gerne so fortfahren möchten wie bisher, aber das kann nicht sein.*
> *Da unser HERR sie berührt hat, können sie nicht mehr wie zuvor über die Mysterien der Passion und des Lebens Christi reden.*
> *Ich kenne den Grund nicht, aber oft ist es so, dass der Verstand für die Meditation ungeeignet ist.*
> (*Sextas moradas*, Kap. 7)

All dies belegt ziemlich deutlich, dass der normale Entwicklungsweg vor allem für diejenigen, die ihr ganzes Leben lang Erfahrungen des Betens sammeln, von einem anfänglichen, verstandesgesteuerten und verstandesdominierten Inhalt zu einer allmählichen Vereinfachung der Formelsprache übergeht. Dies reduziert die Rolle des „Diskurses", verstärkt jedoch die Wichtigkeit der Intuition, des Schweigens, der Leere und des Gefühls der Gegenwart Gottes, ohne Worte oder Konzepte, die das intensive Erleben beeinträchtigen könnten. Gott „hebt die Kräfte der Seele zeitweilig auf", sagt die hl. Teresa (in: *Mein Leben*, Kapitel 22). Diese Kräfte sind laut der traditionellen scholastischen Terminologie, die sie benutzt, im Klartext nichts anderes als unser Gedächtnis, unser Verstand und unser Wille. Trotz unseres unzulänglichen Bemühens, göttliche Realitäten mit menschlichen

Worten auszudrücken, können wir doch sagen, dass, weil die vorwiegend mentale Aktivität des Menschen vorübergehend außer Kraft gesetzt ist, andere Fähigkeiten ins Spiel kommen und den Betenden mit non-verbaler Tiefe eine göttliche Nähe und Vertrautheit wahrnehmen und spüren lassen, die von jeder verbalen Wortsuche weit entfernt ist.

Ein klassischer Vergleich ist der einer Person in einem vollkommen dunklen Raum, in dem sie weder etwas hört noch sieht und doch mit aller Gewissheit weiß und fühlt, dass sich noch jemand anders im Zimmer und in ihrer Nähe aufhält. Wir kennen doch sicherlich alle dieses Gefühl der Gewissheit, auch ohne verbale Kommunikation die stille Gegenwart eines geliebten Wesens wahrzunehmen. Ähnliches passiert in diesen fortgeschrittenen Formen des Gebets. Wir haben in unserem Leben sicherlich unseren Verstand effizient eingesetzt, in all unserem ständigen Begründen, Argumentieren und Diskutieren. All das war sicherlich nötig und zu seiner Zeit auch gut und schön, aber jetzt ist der Moment gekommen, unser Denken und unseren Geist still werden zu lassen und dafür unsere Sinne weit aufzumachen. Dort wartet Gott auf uns.

Wenn schon die Menschen die verschiedensten Fähigkeiten haben, die uns alle helfen, in unserem Streben nach der rechten Form des Betens unseren Weg zu finden, dann trifft dies noch mehr auf Gottes Eigenschaften zu, die unzählig und unendlich sind und die uns ebenfalls einladen, uns auf ihren unterschiedlichen und geheimen Wegen dem Zentrum der Göttlichkeit zu nähern, zu dem sie alle führen. Da unser Verstand begrenzt ist, lässt sich folgern, dass auch unsere Vorstellung von Gott begrenzt sein muss. Aber so, durch Gottes eigene Unendlichkeit an Möglichkeiten, werden wir dazu geführt, unsere Annäherungen an Gott auf immer vielfältigeren Wegen zu verwirklichen und unsere Definitionen von und über Gott immer neue hinzuzufügen, so dass sie, alle zusammen, sich schließlich der Göttlichkeit, die sie so liebevoll und bescheiden definieren möchten, weniger unwürdig nähern. Jede Definition wirft Licht auf einen speziellen Aspekt von Ihm, der ewiglich undefinierbar sein wird, und alle Definitionen zusammengenommen vermögen nur in etwas ausführlicherer Weise die gemeinsame Vorstellung Gottes vor den Menschen zu beschreiben, die Er geschaffen hat.

Es wird jetzt offensichtlich, dass wir nach unserem Bilde, also je nach dem, wie wir uns Gott vorstellen, auch unsere Beziehung und unsere Kommunikation zu Ihm gestalten, wie wir also zu Ihm beten. Meine erste Vorstellung von Gott, Grundlage aller anderen, die ich während meines Lebens kennen lernte und der ersten hinzugefügt habe, ist die eines fürsorglichen Vaters, der seine Kinder liebt, ihnen in ihren Nöten beisteht und ihre Gebete hört. Auf Grund einer solchen Gottesvorstellung hat der Katechismus, den ich als Kind gelernt habe und der mich für das Leben geformt hat, das entsprechende Gebet mit diesen bemerkenswerten Worten, die ich noch immer auswendig weiß, definiert: „Im Gebet heben wir unser Herz zu Gott empor und bitten um Seinen Segen, in aller Demut und voller Vertrauen." Diese Definition, wenn auch unvollständig, ist vollkommen legitim und richtig und fördert die Form des Gebets, die im Evangelium erwähnt ist und in den Kirchen praktiziert wird, die das Leben aller Christen begleitet hat, in der Tat das Leben aller Gläubigen aller Religionen, in Freud und Leid, in Sorgen und Hoffnungen. Das Bittgebet ist ein tiefes und echtes Gebet und entspricht der Vorstellung von Gott als Vater, Schöpfer und Erhalter der Menschheit.

Wenn ich jetzt eine andere Gottesvorstellung habe, auch die natürlich wieder in meinen engen Grenzen des verstandesmäßig Denkbaren, dennoch nicht ohne eine gewisse Berechtigung, wie sie auch all den anderen Vorstellungen und Konzepten zukommt, dann ändert sich auch die Form meines Gebets. In seinem berühmten Buch *Honest to God*, das eine neue, erweiterte Grenze in dem christlichen Verständnis Gottes markierte, beschrieb der anglikanische Bischof von Woolwich, John A.T. Robinson, all die Schwierigkeiten, die entstehen, wenn wir Gott als „irgendwo da draußen" annehmen. Er definierte Gott deshalb eher als das „Zentrum meines Seins", den „Kern meiner Existenz", das „meiste Ich in mir". Er selbst legte größten Wert auf die Feststellung, dass diese Vorstellungsweise auf keinen Fall alle anderen Gottesvorstellungen für nichtig erklärt, sondern sie eher voraussetzt und ergänzt. Jeder muss für sich, für sein Glaubens- und Gebetsleben und für sein Leben selbst entscheiden, welche Gottesvorstellung ihm an einem speziellen Punkt seines Daseins am meisten hilft.

Wenn ich mir jetzt, nach diesem angebrachten Hinweis, Gott als „das Zentrum meines Seins" vorstelle, dann ändert sich auch die Art meines Gebets. Und jetzt kommt dieses Buch ins Spiel. Jene einfachen und intimen Übungen, die mir geholfen haben, mit mir selbst in Kontakt zu kommen, helfen mir jetzt, gleichzeitig auch mit Gott in Kontakt zu kommen, denn Er ist da und wartet auf mich im Zentrum meines Seins. Ich erreiche Ihn jetzt durch meine Sinne, durch mein Gewahrsein, durch meine Konzentration, durch meine Atmung. Mein vereintes Selbst in meiner eigenen bewussten Wahrnehmung bringt mich jetzt zu der stillen und verehrungswürdigen Gegenwart Gottes, der in mir wohnt. Mein intellektuelles Schweigen ist zu einem elementaren Gebet geworden.

Eine letzte Überlegung, in derselben Einfachheit und Offenheit, mit der ich all die anderen dargelegt habe: Jesus sagte: „An ihren Früchten sollt ihr sie erkennen." Die universelle und beständige Frucht des Gebetes der Sinne ist der Frieden, den es unserem Körper schenkt und unseren Gliedern, unserem Umfeld, unserem Geist und dem ganzen Organismus vermittelt.

Tief empfundener Frieden ist immer ein Hinweis der Engel auf die Nähe Gottes. Eine Aktivität, die uns Frieden vermittelt, kommt von Gott. Und noch etwas anderes: Wir sind ermahnt, „ständig zu beten, ohne Unterlass", und diese Form des Gebets, das Gebet der Sinne, lässt sich immer und überall durchführen. Es ist deshalb einfach durchzuführen, weil es keine lange Vorbereitung braucht, keine Studien oder Voraussetzungen. Unser Körper ist immer mit uns. Es genügt, daran zu denken, und schon betreten wir das Heiligtum. Systematischere und komplexere Gebetsformen verkomplizieren die Ausübung und gefährden die Ausdauer. Unsere einfache Übung jedoch ist überall und unter allen Umständen möglich. Darum ist sie von großem Wert und bietet ständige Hilfe an. Einmal fragte mich ein leidenschaftlicher Priester, der ein intensives Gebetsleben nach traditionellen Methoden führte, mit einer gewissen Intensität in der Stimme, die mich alarmierte: „Ich komme gut klar mit der Art und Weise, wie ich jetzt bete und meditiere. Welche Veranlassung hätte ich, all diese neuen Methoden zu lernen?" Vorsichtig antwortete ich: „Im Moment keine. Aber das Leben ist lang und Frömmigkeit ungewiss, und der Tag mag kommen, an dem dir das, was dir jetzt so zugänglich ist, unerreichbar werden könnte, und in so einem Fall wäre es nicht schlecht, für andere Formen des Gebets bereit zu sein, solche, die einfacher und bescheidener sind, sich leichter immer und überall ausüben lassen, und das ein Leben lang." Ich war der Ansicht, dass ich damit eine Prophezeiung gegeben hätte, die sich leicht erfüllen ließe.

Dies also sind meine Gründe und Argumente bezüglich der Bedeutung und der Legitimität des „Gebets der Sinne und des Körpers". Ich möchte an dieser Stelle zwei Zitate anführen, die diese Gedanken unterstützen. Nachdem er auf diesen Punkt in seinem Buch *Sadhana, a Way to God* (dt.: *Mit Leib und Seele meditieren*) eingegangen ist, schreibt der große Meister des Gebets, Anthony de Mello:

Dies führt uns zu der scheinbar beunruhigenden Schlussfolgerung, dass die Konzentration auf die Atmung und auf deine Körperempfindungen gute und richtige Meditation im strengen Sinne des Wortes ist.
Diese meine Theorie wurde mir von einigen Jesuiten bestätigt, die die 30-tägigen Exerzitien unter meiner Anleitung machten. Sie hatten sich bereiterklärt, neben den sogenannten Ignatia-

> *nischen Exerzitien, die fünf Stunden pro Tag in Anspruch nehmen, sich weitere vier oder fünf Stunden ins Bewusstsein des Atems und der Körperempfindungen einzuüben.*
> *Es überraschte mich nicht, als sie mir berichteten, dass die Wahrnehmungsübungen (sobald sie ihnen etwas vertraut waren) dieselbe Wirkung hatten wie die Übungen, die wir Katholiken das „Gebet des Glaubens" und das „Gebet der Ruhe" nennen.*
> (dt.: S. 44)

Und Alan Watts fasst in seinem Buch *Play to Live* diese Gedanken auf seine Weise zusammen:

> *Meditation ist die Kunst, verbales und symbolisches Denken für eine Weile zu unterbinden, so wie ein höfliches Publikum unmittelbar vor Konzertbeginn seine Unterhaltung einstellt.*
> *Setz dich einfach hin, schließ deine Augen und lausche auf all die Geräusche um dich herum, ohne dass du versuchst, sie zu benennen oder zu identifizieren.*
> *Entspann deine Zunge und lass sie leicht im Unterkiefer schweben. Nimm deine Atmung wahr und lass deine Lungen in dem Rhythmus arbeiten, der ihnen angenehm scheint.*
> *Und sitz für eine Weile einfach da, lauschend und deinen Atmen spürend. Aber, wenn möglich, fass es nicht in Worte.*

„Non-verbales Geschehen" ist vielleicht der Ausdruck, der am besten die Dichte der Realität all dessen beinhaltet, was ich auf diesen Seiten so vorsichtig tastend erspürt und was auszudrücken ich zutiefst ersehnt habe. Der eigentliche Punkt ist, auf die Fülle des „Seins" zurückzukommen, das durch „Worte" verdunkelt und umwölkt ist. Ironischerweise müssen wir diese Feststellung mit Worten ausdrücken, und genau das ist die Beschränkung unserer Existenz. Aber wir verfügen auch über Gesten, die wir zu nutzen wissen und die durch ihre externe, sichtbare, physische und ganzheitliche Art des Ausdrucks viel effektiver sind als Worte. Es war eine Geste wie diese, die im wahrsten Sinne des Wortes die Gegenwart Jesu unter uns geheiligt hat, und mit dieser Geste möchte ich dieses Buch abschließen.

Als Jesus sich von seinen Jüngern verabschiedete und ihnen versprach, stets mit ihnen und mit uns zu sein, tat er dies mit Worten, ja, aber mit Worten, die eine Geste begleiteten, die zu einem Sakrament auf unseren Altären und zur Freude unseres Lebens werden sollte.

Jesus nahm das Brot seines letzten Abendmahls in die Hand und sagte voll Gefühl: „Dies ist mein Leib." Ich erlaube mir mit aller Ehrfurcht und Andacht den Gedanken, dass er nicht sagte: „Das ist meine Seele!", oder: „Das ist mein Geist!", sondern: „Dies ist mein Leib." Um uns auf die realste, sichtbarste und überzeugendste Art seine Gegenwart unter uns auf Erden zu zeigen, gab er uns seinen Körper. Hier, in dieser gesegneten Realität seines physischen Körpers war die Garantie, die buchstäblich durch unsere Sinne in uns eindringt, dass er bei uns bleibt, mit seinem ganzen Sein, seiner Liebe, seiner Macht, seiner Majestät, seiner Göttlichkeit. Es gab wohl keinen besseren Weg dies auszudrücken, als mit dieser Geste, mit diesen Worten im Sakrament des Abendmahls: „Dies ist mein Leib."

In meinem Leben habe ich Jesus viele Opfer gebracht als bescheidenen Dank für sein Opfer für uns. Insbesondere eines, das vom hl. Ignatius als einer der Höhepunkte seiner geistlichen Übungen vorgeschlagen wird und das wir, seine Kinder, so sehr schätzen und uns daran erfreuen: „Nimm, oh HERR, und empfange all meine Freiheit, mein Gedächtnis, meinen Verstand und meinen Willen." Ich setze dieses Opfern der Kräfte meiner Seele (Gedächtnis, Verstand, Wille) fort in meinem Dienst an Gott und allen Menschen durch Ihn. Heute möchte ich noch ein weiteres Opfer hinzufügen, etwas bescheidener vielleicht und simpler in seiner äußeren Erscheinung, aber tiefer und strikter in seiner physischen Verpflichtung, in seiner sichtbaren Totalität und als Bild und Echo auf Jesu' eigenes Opfer für uns; mit seiner Geste gebe ich Ihm mein Leben zur Antwort:

HERR, in Anerkennung und in Dankbarkeit
für all das, was du für mich getan hast,
mit all der Ehrfurcht und Ergebenheit,
zu der ich fähig bin,
mit meinem Gewissen,
das die Bedeutung, den Umfang und die Würde
meiner Sinne und meines Leibes
für mein Leben erkannt hat
und mit meinem eigenen Opfer des Lebens
als meine menschliche Antwort
auf das Opfer deines gesegneten Leibes
am Kreuz und auf dem Altar
opfere auch ich dir heute
die Gänze meines Lebens
und die Gänze meines Leibes.
Dies sind meine Sinne,
dies ist mein ganzer Organismus,
dies ist mein Leib.
Nimm sie an, oh HERR!

ENDE

Bibliografie
in der Reihenfolge der Zitate und Erwähnung im Text und inkl. der Angabe der deutschen Ausgaben der Quellen, soweit bekannt:

Kapitel 2
PARK, Glen The Art of Change: The Alexander Technique 1998 Crossing Press
            Dt.: Alexander Technik: Die Kunst der Veränderung 2000 Heyne Verlag
STOLLE, Rey The Saintly Duque of the First Empire 1984 Harper&Row
GENDLIN, Eugene Focusing, 1982 Bantam Books
            Dt.: Focusing, Selbsthilfe bei der Lösung persönlicher Probleme
            1998 Rowohlt TB
SIEMS, Martin: Dein Körper weiß die Antwort

Kapitel 4
ROIG, John C. I Think, Therefore I Don´t Exist
GIBRAN, Khalil Sand and Foam Dt.: Sand und Schaum/Aphorismen 1976 Walter Verlag
CASTANEDA, C. The Nagual Mantra

Kapitel 6
FREEDMAN, Rita Bodylove 1989 Harper & Row
TAGORE, Rabindranath Santiniketan

Kapitel 7
CHAMALÚ, Luis E. Janajpacha, 1991 Verlag Obelisco, Barcelona
ACKERMAN, Diane A Natural Histoy of the Senses, 1996 Phoenix Press ISBN 1857944035
PAUL, Arnold El Zen en la tradición japonesa 1979 Ediciones Mensajero Bilbao

Kapitel 8
PESSOA, Fernando The Book of Disquiet, 1991 Serpents Tail Publishing UK
            Dt.: Das Buch der Unruhe, 1996 Fischer TB Verlag
IRALA, Narciso Brain Control
CASTANEDA, Carlos Tales of Power, Arkana Publ. UK, 1990

Kapitel 9
GOENKA.S.N. Vipassana Meditation, 1987 Harper & Row
            Dt.: Die Kunst des Lebens: Vipassana Meditation 1996 Fischer TB Verlag
MASTERS, Robert und
HOUSTON, Jean Listening to the Body 1978 Dell Publishing, New York
HESSE, Hermann Siddharta, 1973 Büchergilde Gutenberg

Kapitel 10
GELB, Michael Body Learning 1990 Aurum Press
McCLUGGAGE, Denise The Centered Skier 1999 Tempest Book Shop
BRET, Doris Annie Stories 1987 Workman Publishing New York
WELLS, Valerie The Joy of Visualisation 1990 Chronicle Books
PARK, Glen The Art of Change: The Alexander Technique 1998 Crossing Press
            Dt.: Alexander Technik: Die Kunst der Veränderung 2000 Heyne Verlag

Kapitel 10
GENDLIN, Eugene Focusing, 1982 Bantam Books Dt.: Focusing, Selbsthilfe s.o.
SIEMS, Martin: Dein Körper weiß die Antwort
JONES, Frank P. Body Awareness in Action

Kapitel 13
MAISEL, Edward und
ALEXANDER F. Matthias The Alexander Technique: The Essential Writings of F. Matthias
                    Alexander   1989 Lyle Stuart
Kapitel 15
CHAMALÚ, Luis E. Janajpacha, 1991 Verlag Obeslico, Barcelona
ASTUDILLA, Pedro A. Raíces y Comunión, 1992 Antofagasta, Chile

Kapitel 16
DÜRCKHEIM, Karlfried Graf El Zen y nosotros, 1992 Ediciones Mensajero, Bilbao
MOORE, Brian   Black Robe 1997 Plume

Kapitel 17
JOHANNES vom KREUZ   Empor den Karmelberg 1989 Johannes Verlag
TERESA v. AVILA   Die innere Burg 1989 Diogenes
ROBINSON, John A.T. Honest to God
MELLO, Anthony de   Mit Leib und Seele meditieren, 1998 Herder Verlag
                    ISBN 3-451-05017-X
WATTS, Alan   Play to Live „And Books" 1982 South Michigan USA
MASSA, Willi   Die Wolke des Nichtwissens, 1999 Herder Verlag ISBN 3-451-26999-6

Weitere Titel von Carlos G. Vallés im SANTIAGO VERLAG

FREI UND UNBESCHWERT
Das spirituelle Vermächtnis von ANTHONY DE MELLO
Aufzeichnungen aus dem letzten Sadhana Workshop
Paperback, ca. 200 Seiten
ISBN 3-9806468-2-3   Preis: € 17,50

„Zwei Monate, nachdem ich an Tony de Mellos letztem Workshop teilgenommen hatte, erreichte mich die Nachricht von seinem plötzlichen Tod. Vom Telefon aus ging ich sofort an meine Schreibmaschine und schrieb in zwanzig Tagen nieder, was damals in meiner Erinnerung an diese gemeinsame Zeit und an Tony, den ich für einen der bemerkenswertesten und einflussreichsten spirituellen Meister unserer Zeit halte, noch frisch und lebendig war. Ich weiß, dass vielen Menschen erst durch dieses Buch eine nähere Bekanntschaft mit Tony de Mello ermöglicht wurde, die sich durch seine Bücher allein nicht einstellt. Denn hier können Sie teilnehmen an seinen Lehren zur inneren Befreiung, die vielen Menschen in seinen Workshops so sehr geholfen haben." (Carlos Vallés)
Englischer Originaltitel: *Unencumbered by Baggage*

NACHGEDANKEN ÜBER ANTHONY DE MELLO
ISBN 3-9806468-4-X
Paperback, ca. 120 Seiten   Preis € 12,50

Dieses Buch vervollständigt, was Carlos Vallés in seinem ersten Buch über Anthony de Mello begonnen hat. In all den Jahren seit de Mellos Tod erschien nicht ein einziges Buch, das die Auseinandersetzung mit ihm und seinen Ideen fortsetzt.
„Deshalb führe ich jetzt diese Arbeit fort, indem ich in diesem Buch den lichten Seiten des Bildes von Anthony de Mello auch die Schatten hinzufüge, ohne die ein Gesamtbild wirklichkeitsfremd bleiben würde. Nicht allen Bewunderern Tonys wird dieses Buch gefallen. Ich halte es jedoch für wichtig, der Nachwelt offen mitzuteilen, was wir Zeitzeugen wissen und erlebt haben. „Gehe nicht, bevor du nicht alles gesagt hast, was du weißt ..." sagt der weise Abbé Pierre in seinem Buch „Testamento". Mit den NACHGEDANKEN habe ich meine Pflicht erfüllt." (Carlos Vallés)
Spanischer Originaltitel: *Diez años despues*

Carlos Vallés
LASS GOTT - GOTT SEIN
Spirituelles Wachstum durch die Weiterentwicklung der eigenen Gottesvorstellung
Paperback, ca. 200 Seiten   ISBN 3-9806468-3-1   Preis € 17,50
"Erzähle mir, wie Du Dir Gott vorstellst - und ich sage Dir, wie Du lebst!"
Unsere Vorstellungen von Gott begleiten uns durch unser ganzes Leben. Sie geben uns Kraft, je mehr sich unser Gottesbild an seine unendliche, unauslotbare Wirklichkeit annähert. Andererseits verursachen unsere eigenen Gottesvorstellungen Angst, wenn wir dieses Bild durch menschliche Vorurteile und Festlegungen verdunkeln und beeinträchtigen. Pater Vallés schreibt dieses Buch aufgrund von Erfahrungen, die er in mehr als vierzig Jahren in Indien als christlicher Seelsorger in der täglichen Begegnung mit Hindus, Buddhisten und Naturreligionen gesammelt hat.

Carlos Vallés
UND DER SCHMETTERLING SAGTE ...
Ökologische Meditationen
Paperback, ca. 200 Seiten   ISBN 3-9806468-6-6   Preis € 17,50
"Auch ich als Autor erlaube mir, unter meinen eigenen Büchem meine Lieblinge zu haben. In diesem Buch sammle ich ökologische und spirituelle Erfahrungen von den Anden bis zum Himalaya, vom Zen Buddhismus bis zu den Traditionen der Aborigines in Australien." (Carlos G. Vallés)

Eine weitere Buchempfehlung

Neil Douglas-Klotz
WEISHEIT DER WÜSTE
Paperback, 400 Seiten   Inklusive CD   ISBN 3-9806468-0-7
Preis € 25,50
Indem der Autor Sie mitnimmt auf eine Reise durch die Mythen, die Poesie und die Heiligen Schriften des Nahen Ostens, die - bewusst oder unbewusst - das westlich-abendländische Denken tief beeinflusst haben, vermittelt er Ihnen auf mehrfache Weise einen neuen Zugang zu diesen Quellen der Weisheit, die Ihr eigenes Leben bereichern können: Er informiert Sie, er lädt Sie zur Teilnahme an geführten Meditationen über einige Textstellen ein - auch mit der dazugehörigen CD - und er lässt Sie dort an einigen musikalischen Beiträgen teilhaben, die einen Eindruck vermitteln, wie diese Heiligen Texte durch Gesang und Tanz gefeiert werden können.

Weitere Informationen finden Sie auf unserer Website
www.santiagoverlag.de